Anja Gries

MEIN ADVENTSKALENDER Mandala

24x weihnachtliche Dot-Painting-Projekte

EMF

EIN BUCH DER
EDITION MICHAEL FISCHER

Vorwort

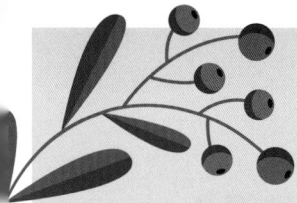

Vor ein paar Jahren begegnete mir ein farbenfrohes Mandala-Bild auf Pinterest, das aus hunderten von bunten Farbpünktchen zu bestehen schien. Ohne zu wissen, was ich da genau bestaunte, schenkte mir der Anblick pure Faszination und Fröhlichkeit. Ich war überwältigt von leuchtenden Farben, fasziniert von der Symmetrie des Mandala-Musters, und ich spürte ein positives Flair, das mich nicht mehr loslassen sollte.

Dieses Bild führte mich auf die Homepage der australischen Künstlerin Elspeth McLean, und ich verstand, dass ich einen mit Acrylfarben bemalten Naturstein gesehen hatte. Acrylfarben waren schnell eingekauft und in unserem Naturstein-Beet im Vorgarten fand ich erste kleine glatte Steine. Stundenlang malte ich erste Pünktchen auf Stein. Mit dem Pinsel, mit einem Zahnstocher, einem Schaschlik-Spieß und mit der Rückseite von Bohrmaschinen-Bohrern.

Von meinem ersten Farbpunkt auf Stein bis heute sind etwa vier Jahre vergangen, und die Punktmalerei fasziniert mich heute wie am ersten Tag.

ME TIME – ENTSPANNUNG MIT PUNKTEN

Die Punktmalerei ist eine sehr langsame und stille Kunst. In sich gekehrt und ruhig und doch hoch konzentriert auf jedes Pünktchen, schenkt das Dot Painting eine innere Auszeit von unserem hektischen Leben. Keines dieser Dot-Painting-Kunstwerke ist schnell gemalt. Stunden vergehen im Flug. Die Gedanken sind frei, und du genießt endlich Zeit nur mit dir selbst.

ACHTSAMKEIT UND MEDITATION

Das Dot Painting ist eine achtsame und meditative Kunst. Achtsam, weil die Außenwelt ganz leicht verschwindet und die Konzentration ausschließlich auf das Ist gelenkt ist. Meditativ, da sich schon nach wenigen ersten Punkten eine innere Entspannung einstellt.

Dafür gibt es nur eine Voraussetzung. Und zwar das Ablegen des Perfektionismus. Das Dot Painting ist eine Micro-Maltechnik, und es ist menschlich niemals perfekt. Das ist gut so, denn in vielen Lebensbereichen liefern wir alltäglich Perfektes ab. Den Perfektionismus abzulegen ist ein Prozess, der nicht einfach umzusetzen ist, doch dein Geist wird es dir danken und deine Seele sich entspannen.

Neben dem wundervollen Effekt der Meditation und der Entspannung stellt sich pure Lebensfreude ein. Glücksgefühle durchströmen uns, wenn wir ein von uns gemaltes Kunstwerk in Händen halten und es zu Recht dankbar bestaunen.

Nur wer das Dot Painting je ausprobiert hat, weiß es zu wertschätzen, mit wie viel liebevoller Akribie und Zeit ein solches Pünktchen-Kunstwerk erschaffen ist. Und wenn du mit deiner Pünktchen-Liebe anderen Menschen ein Geschenk machst, siehst du in den Augen des Beschenkten ein herzerwärmendes Lächeln.

DIE INSPIRATION

Das Steinebemalen bedeutet eine tiefe Verbundenheit zur Natur. Jeder von den Elementen geformte Stein besitzt seine eigene Farbgebung und erzählt seine eigene Geschichte. Die Farbwahl für ein Mandala an den natürlichen Stein anzupassen ist eine wahre Freude.

Die Natur ist die schönste Inspiration für die Punktmalerei. Flora und Fauna, Blätter oder Blüten zeigen uns harmonische Muster, die wir auf unsere Kunst übertragen können. Die Sonne, der Mond und der Himmel im Wandel des Lichts schenken uns ein Gefühl für Farben und Farbverläufe. Von harmonisch abgestimmten Farbtönen bis hin zu knallbunten Mandalas sind beim Dot Painting alle Farbkombinationen erlaubt, und es ist so faszinierend, wie die im Alltag niemals zusammen kombinierten Farben auf einem Mandala-Stein zusammenwirken.

So individuell wir Menschen sind, so individuell sind die Kunstwerke und kreativen Möglichkeiten der Punktmalerei. Voraussetzung ist lediglich ein ebener, glatter Untergrund. Die einen lieben es, Pünktchen auf Leinwände zu malen, die anderen verwirklichen DIY-Kreativideen und bemalen bunte, mit Beton ausgegossene Gummistiefel. Das Dot Painting ist eine liebgewonnene Einladung, seiner Kreativität freien Lauf zu lassen.

MEDITATIVE KÖRPERHALTUNG UND ATMUNG

Die Punktmalerei nimmt viel deiner Zeit in Anspruch, und so ist es wirklich wichtig, dass du bequem und gesund sitzt. Bis ein Mandala-Stein, bestehend aus Hunderten von kleinen Farbpünktchen, bemalt ist, vergehen ganz leicht mehrere Stunden.

Oft neigen wir dazu, uns zu verkrampfen. Wir halten den Kopf schief, ziehen die Schultern hoch und sitzen mit einem gebeugten Rücken da.

Bitte achte von Anfang an auf deine Haltung, um die meditative Wirkung dieser Kunst voll auszuschöpfen.

Setze dich gerade hin und sorge dafür, dass deine Unterarme in einem rechten Winkel auf einem Tisch liegen können. So musst du deine Arme und Schultern nicht hochziehen. Setze dich sehr nah an den Tisch heran, damit du von oben auf deinen Stein schauen kannst. Die Sitzposition mit den aufliegenden Unterarmen unterstützt dabei, eine zittrige Hand im Zaume zu halten.

Kein Künstler ist in der Lage, Dots in der Größe von nicht einmal einem Millimeter freihändig und ohne ein Zittern zu malen. Es ist stets erforderlich, dass die eine Hand die andere stützt. Manchmal benötigt man auch nur einen Finger der anderen Hand, um eine zittrige Hand mit Dotting-Tool ruhig zu führen.

Auch mit einer recht bewussten und gesunden Haltung ist die Belastung der Muskulatur in den Händen und den Unterarmen deutlich nach dem Malen zu spüren. Lege regelmäßige Pausen ein und lockere deine Hand- und Fingermuskulatur mit kleinen Dehnübungen.

Insbesondere Anfänger neigen dazu, die Luft anzuhalten, wenn sie ein Farbpünktchen dotten. Ich kann mich noch gut daran erinnern, dass ich am Anfang ständig die Luft angehalten habe und während des Malens nicht sprechen konnte. Bitte achte darauf, dass du stets gleichmäßig atmest, denn das Luftanhalten würde deinen Körper wider seinen natürlichen Atemrhythmus verkrampfen lassen.

TIPP: Zittrige Hände sind kein Argument, die Punktmalerei nicht zu versuchen. Das richtige Abstützen der malenden Hand ist das A und O für schöne und gleichmäßige Punkte. Das ist auch ein Grund dafür, dass sich diese meditative Kunst als Therapie bestens eignet.

DER FLOW

Nach ein wenig Übung verfällt man dem Pünktchen-Flow, der wirklich jeden Gedanken an den Alltag nimmt. Der Flow ist, ohne viel Überlegung Pünktchen zu malen und ein Mandala-Muster langsam entstehen und wachsen zu lassen.

Der Flow ist stets meditativ. Er entführt dich in die Welt der Pünktchen und lässt dich erst wieder los, wenn dein Mandala-Stein oder Projekt fertig gestaltet ist. Ohne einen Plan. Ohne ein festgelegtes Ziel. Ohne Vorgaben. Der Flow allein lässt dich harmonisch und ruhig arbeiten. Es gibt kein Muss, keinen Druck und keinen Einfluss von außen.

Die Maltechnik der Punktmalerei eignet sich deshalb auch ganz besonders für die Kunst- und Mandala-Therapie. Die Bemalung mit Pünktchen erfordert viel Konzentration, sie lässt dich aber trotzdem vollends abschalten und entspannen. Die Atmung wird langsamer, und du wirst mit erholsamer innerer Ruhe belohnt.

Einen eigens bemalten Mandala-Stein in Händen zu halten schenkt dir zudem das wunderschöne und glückliche Gefühl, dass du mit deinen Händen so wunderbares erschaffen hast.

Happy dotting!

Was ist Dot Painting

TRADITIONELLE PUNKTMALEREI – DOT PAINTING

Punkte und Linien, mal dicht nebeneinander, mal weitläufig auf einer Leinwand verteilt. Das, was im ersten Moment wie ein abstraktes, farbenfrohes Kunstwerk aussieht, erzählt in seiner Tiefe eine einzigartige, oftmals sehr persönliche Geschichte. Es ist die Geschichte der Aborigines, der australischen Ureinwohner, die ihre versunkene Welt mit der Punktmalerei darstellen.

Die Malereien der Aborigines sind die älteste Kunsttradition der Welt. Vor mehr als 40.000 Jahren malten die australischen Ureinwohner ihre Mythen und Lebensgeschichten an Höhlenwände, Felsen und auf Holz. Sie deklarierten damit auch, welches Gebiet zu ihren Stämmen gehörte.

Erst in den 70er-Jahren begannen die Aborigines, die Geschichten ihrer Vorfahren und Traditionen auf Leinwänden auszudrücken. Stets aus Sicht der Vogelperspektive zeigt diese indigene Kunst aus Punkten (Dot Painting) Landschaften, Pflanzen und Tiere. Aber auch Geheimnisse, Rituale, Mythen und ihre Schöpfungsgeschichte. Auf den Dot-Painting-Kunstwerken malen sie, was die Wesen der Traumzeit einst erschaffen haben, damit sie niemand vergisst.

MANDALA-DOT-PAINTING

Die australische Künstlerin Elspeth McLean verzaubert seit vielen Jahren Natursteine mit bunten Mandalas.

Im Jahr 2015 schrieb sie einen Beitrag in den sozialen Medien über ihre kunstvollen Mandala-Steine. Dieser Beitrag wurde über Nacht viral und löste damit den weltweiten Trend „Mandala-Steine malen" aus, der etwa im Jahr 2018 vereinzelt Deutschland erreichte.

Wer nicht an einem Fluss, See oder Meer wohnt, findet nur selten glatte und runde Steine. So entstanden in der Dot-Painting-Community bald kreative Ideen, Steine aus alternativen Materialien herzustellen. Steine aus Holz wurden geschliffen, Steine aus Gips und Beton gegossen.

Diese handgemachten Produkte, Natursteine sowie Werkzeuge für die Punktmalerei (Dotting-Tools) findest du auf Etsy, von internationalen Anbietern.

Tools und Hintergründe

DOTTING-TOOLS

Die sogenannten Dotting-Tools (Punktierungswerkzeuge) kommen ursprünglich aus dem Bereich Nail Art, wo sie für Verzierungen des Fingernagels Anwendung finden. Es gibt die Tools in verschiedenen Ausführungen, und man unterscheidet zwischen Dotting-Tools mit je einer metallenen Kugel und Dotting-Tool-Rundstäben.

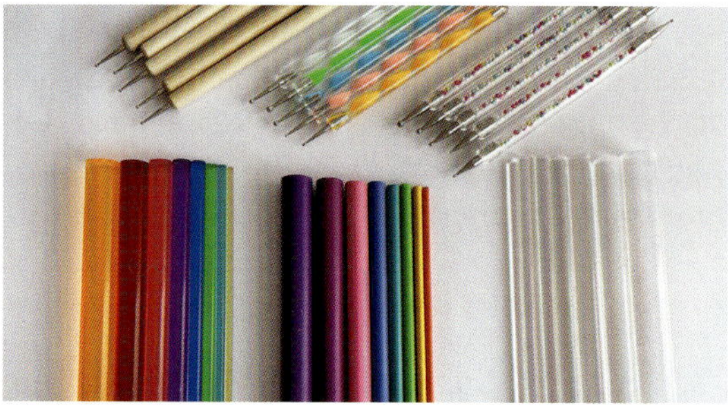
Verschiedene Dotting-Tools

Ein Dotting-Tool wird meistens in einem Set mit verschiedenen Größen angeboten, sodass man mit nur einem Set bereits gut gerüstet ist. Die Tool-Größen mit Metallkugeln liegen im Bereich von circa 0,8mm, 1mm, 1,5mm, 2mm, 2,5mm, 3mm, während für größere Punkte die Rundstäbe aus Kunststoff, Holz oder Metall einen Durchmesser von circa 4, 5, 6, 8, 10, 12 und 15mm besitzen.

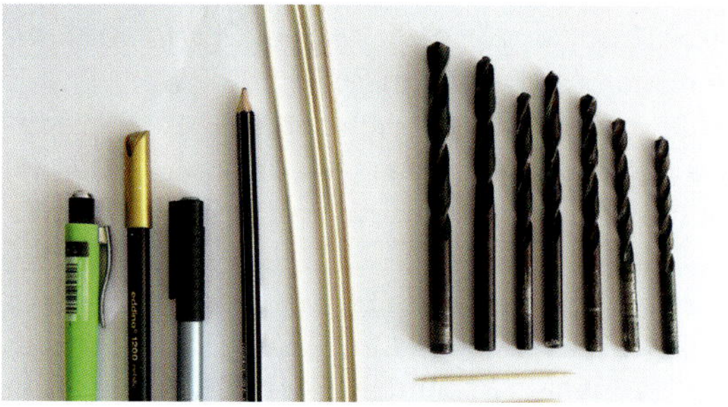
Stifte, Stäbchen und Bohrer

Wer das Dot Painting zunächst nur ausprobieren möchte, findet in seinem Haushalt reichlich Punktierungswerkzeuge. Angefangen bei einem kleinen Zahnstocher, Schaschlikspieß, Mine eines Druckbleistifts, dicke Stopfnadel, Stecknadelkopf, Radiergummi eines Bleistiftes bis hin zu den Rückseiten von Bohrmaschinen-Bohrern. Du kannst alles als Dotting-Tool verwenden, das eine runde Auflagefläche besitzt. Dazu benötigst du noch Acrylfarben, sammelst glatte Steine, und schon kannst du deine ersten Farbpünktchen setzen, wenn du dein Dotting-Tool in Acrylfarbe getaucht hast.

Dotting-Tool-Set aus Holz

UNTERGRÜNDE

Wenn du keine Angst vor feinem Dreck und Staub hast, kannst du deine Steine und Formen aus Gips, Beton oder Keraflot selbst gießen. Am besten eignen sich Formen aus Silikon oder Kautschuk, aber auch hochwertige Formen aus Kunststoff kommen zu einem schönen Ergebnis. Während Silikon- und Kautschuk-Formen ein leichtes Herauslösen aus der Form erlauben, ist das Lösen aus Kunststoff-Formen oft schwierig.

Das Gießpulver muss unter Berücksichtigung des Mischverhältnisses nach Herstellerangaben erfolgen, denn jedes Gießpulver ist unterschiedlich in der Handhabung. Auch die Raumtemperatur beeinflusst die Konsistenz der Gießmasse, die stets mit kaltem Wasser angerührt wird. Leider führt jedes Anrühren zu einer Bläschenbildung, die unschöne Löcher auf den fertigen Objekten hinterlässt. Durch leichtes Klopfen der gefüllten Form steigen Bläschen nach oben und zerplatzen.

GIPS

Ob Bastel- oder Aufputz-Gips, beides lässt sich einfach anrühren und verarbeiten. Gips wird in kaltem Wasser angerührt. Manchmal kann es ratsam sein, den Gips etwas flüssiger herzustellen, damit jede Form wirklich gut befüllt wird und eventuelle Ornamente, Linien oder Fugen gut dargestellt werden. Die Trocknungszeit ist stets abhängig von der Luft- und Raumtemperatur. Lege deine Steine nach dem Herauslösen aus der Form auf eine Pappe, damit die Feuchtigkeit aus dem Stein entweichen kann. Es ist wichtig, dass der gegossene Stein vor der Bemalung richtig durchgetrocknet ist, auch wenn die Trocknungszeit mehrere Tage in Anspruch nimmt.

BETON

Mandala-Steine, Herzen, Häuser und andere Formen aus Bastel-Beton zu gießen und zu bemalen ist nicht nur ein Trend, sondern die tolle Alternative für die Dekoration im Freien, da Beton witterungsbeständig ist und eine lange Lebensdauer besitz.

Bastelbeton muss genau nach Herstellerangaben mit Wasser angerührt werden. Wenn du schon etwas Erfahrung beim Gießen mit Beton besitzt, kannst du mit der Zugabe von Wasser spielen, um ein besonders gutes und glattes Gießergebnis zu erzielen. Lege die herausgelösten Beton-Rohlinge zum Trocknen auf Pappe.

Die erhältlichen Formen zum Beton-Gießen sind meistens aus unflexiblem Kunststoff, aus denen man die Häuser manchmal schwierig herauslösen kann. Hersteller raten gern dazu, die Form leicht einzuölen, doch Vorsicht. Acrylfarben halten nicht zuverlässig auf fetthaltigem Untergrund und Farbpunkte werden unter Umständen nicht rund. Daher ist es ratsam, ganz auf das Einölen zu verzichten oder die Beton-Objekte vor der Bemalung mit Klarlack zu grundieren.

TIPP: Benutze für die Herstellung von Gips- und Betonformen unbedingt Einweghandschuhe, um deine Haut zu schonen.

KERAFLOT

Keraflot ist eine äußerst hochwertige Keramik-Gießmasse. Steine und Objekte aus Keraflot gegossen sind etwas schwerer und in ihrer Oberflächenstruktur glatter als Gips oder Beton. Im Gegensatz zu günstigem Gips und Bastelbeton ist Keraflot hochpreisig und keine Alternative, wenn viele Steinchen bemalt sein wollen.

Die Farbe

ACRYLFARBEN & KONSISTENZ

Für die Punktmalerei werden wasserbasierte Acrylfarben verwendet. Wasserbasiert steht hier für „mit Wasser mischbar". Acrylfarben sind fast geruchsarm, sie trocknen schnell und mit einer Farbnuance dunkler ab. Erst nach der Trocknungsphase wird die Farbe wasserunlöslich.

Es gibt sie von zahlreichen Herstellern, in matt oder glänzend. Der Preis ist dabei nicht entscheidend, sondern ausschließlich die Konsistenz und die Pigmentierung der Farbe.

In ihrer Ursprünglichkeit ist Acrylfarbe eher von cremiger Konsistenz, und so eignet sie sich kaum, um runde und in ihrer Oberfläche glatte Punkte mit einem Dotting-Tool zu malen. Ist die Farbe zu cremig, entstehen auf den Dots kleine, durch das Dotting-Tool gequetschte Spitzen, die auch nach der Trocknungsphase nicht verschwinden und unschön wirken.

Ist Acrylfarbe zu flüssig, werden Punkte (Dots) oval, oder sie laufen dir sogar davon.

Für das Dot Painting benötigen wir eine recht flüssige Konsistenz, die man in etwa mit der von Buttermilch und etwas flüssiger vergleichen kann.

Wenn eine gut pigmentierte Acrylfarbe in ihrer Konsistenz sehr cremig ist, helfen schon wenige Tröpfchen Wasser, die man vorsichtig unter die Farbe rührt. Vorsichtiges Rühren ist wichtig, da Acrylfarbe zur Bläschenbildung neigt. Das Hinzufügen von wenigen Tröpfchen Wasser beeinflusst die Viskosität der Farbe nicht. Daher ist das Hinzufügen von Pouring Medium zwar eine Idee, um die Fließfähigkeit der Farben zu verbessern, aber Tröpfchen für Tröpfchen Wasser ist definitiv die einfachste und vor allem günstigste Methode.

Besitzt Acrylfarbe hingegen nur wenig Farbpigmente, verliert die Farbe nach dem Hinzufügen von Wasser ihre Brillanz. Eine derartige Farbe ist von geringer Qualität. Sie gewährleistet dann auch keine Lichtbeständigkeit.

Insbesondere wenn man nicht mit kleinen Farbtöpfchen arbeitet, die man nach jedem Pünktchen wieder verschließt, kann man der Farbe einen Verzögerer hinzufügen, der die Trocknungszeit der Farbe verlängert. So kannst du deine Farbe länger frisch und flüssig halten und von einer Malerpalette aus dotten. Als günstige Alternative kann Glycerin verwendet werden.

Meine Kunstwerke sind mit den matten Acrylfarben des amerikanischen Herstellers Deco Art gemalt, und ich liebe die Vielfalt der angebotenen Farbpalette. Die Konsistenz dieser Farben empfinde ich als perfekt. Doch jeder muss für sich herausfinden, mit welchen Farben er gern kreativ sein wird. In der Dot-Painting-Community gestalten viele mit Deco Art, Decola, Amsterdam, Kreul oder Marabu wunderschöne Pünktchenkunstwerke.

METALLIC-FARBEN

Besonders in der Weihnachtszeit lassen wir es gern glitzern und funkeln. Mit Metallic-Farben, aus Gold und Silber, gelingt es leicht. Doch das

Malen mit Metallic-Farben erfordert oftmals besondere Aufmerksamkeit.

Die Konsistenz von Metallic-Farben ist bei jeder Farbe unterschiedlich, selbst wenn man Gold und Silber eines Herstellers benutzt. Die Pigmentierung der Farben ist einfach nie dieselbe. Die einen sind so flüssig, dass Punkte fast davonlaufen, und andere sind so zähflüssig, dass wir sie kaum ans Tool bekommen.

Bevor man Metallic-Farben punktet, ist ein gutes Durchrühren der Farbe erforderlich, damit die Farbpigmente gleichmäßig verteilt werden. Es gibt jedoch Metallic-Farben, die nach dem Abtrocknen nicht ebenmäßig und glatt aussehen. Ist die Farbe leicht durchscheinend und transparent, empfiehlt es sich, Punkte zunächst in der Grundfarbe mit Acrylfarben zu punkten und erst anschließend mit Metallic-Farben zu überpunkten.

Sorgfältiges Arbeiten ist auch erforderlich, wenn man einen noch feuchten Punkt mit einem Wattestäbchen wieder entfernen möchte, denn kleine Glitzerpartikel werden auf dem Stein zurückbleiben.

FIRNIS, LASUR UND LACKE

Pünktchenkunstwerke werden durch Firnis, Lasur oder Lack vor Umwelteinflüssen geschützt, und manchmal ist die Lasur das Sahnehäubchen auf dem Kunstwerk. Witterungseinflüsse, starke Sonneneinstrahlung und Alterung können Acrylfarbe verändern oder verblassen lassen. Durch den elastischen, farblosen Überzug werden die Farbpünktchen geschützt, und die Reinigung mit einem feuchten Tuch stellt keine Gefahr mehr dar, ein Kunstwerk zu beschädigen.

Bevor du ein Kunstwerk lackierst, solltest du den Lack oder die Lasur an unauffälliger Stelle testen. Denn manche Lacke und Lasuren lassen Farben anschließend anders erscheinen. Ein Weiß ist plötzlich nicht mehr ein Weiß, sondern vergilbt, und manche Lacke und Lasuren verschmieren die Farbpunkte und zerstören das Kunstwerk. Des Weiteren musst du unterscheiden, ob du in Glanz oder Matt lackieren möchtest.

DAS MISCHEN VON FARBEN

Acrylfarben, auch unterschiedlicher Hersteller, lassen sich leicht miteinander mischen. Nicht jeder Farbenhersteller verfügt über eine große Farbpalette, doch aus den Grundfarben Blau, Gelb und Rot und der Zugabe von Weiß lassen sich all deine Farbträume verwirklichen und mischen.

Beginne stets mit dem Ausgangsfarbton und taste dich langsam, mit der Zugabe von nur wenig Farbe oder Weiß, an das Mischen von Farben heran. Je nach Konsistenz der Acrylfarbe kann tröpfchenweise Wasser oder auch Pouring mit hineingerührt werden.

TIPP: Manche Acrylfarben neigen sehr zur Bläschenbildung, die auf einem gemalten Farbpunkt sehr unschön aussehen. Stich die Bläschen mit deinem kleinsten Dotting-Tool oder einer Nadel an, so dass die Bläschen verschwinden.

Für das Dot Painting benötigst du stets nur geringe Farbmengen, deshalb empfiehlt es sich, Farben portionsweise in kleinen Farbtöpfchen aus Kunststoff zu mischen und aufzubewahren, anstelle der Verwendung einer Malerpalette.

TIPP: Um Farben sparsam zu verwenden, bewahre deine Acrylfarbe portionsweise in Farbtöpfchen auf. Verwende keine Döschen aus Hartplastik, sie trocknen deine Farben sehr schnell aus.

FARBVERLÄUFE ALS GRUNDTON

Neben dem klassisch schwarzen Untergrund von Mandala-Steinen sind bunte Steinuntergründe inzwischen ebenso beliebt und trendig. Vor allem Farbverläufe als Untergrund für ein Mandala-Muster sind sehr bezaubernd und harmonisch anzusehen. Farbverläufe können mit Schwämmchen oder einem Pinsel auf den Untergrund aufgetupft werden. Solange die Acrylfarbe aller Farbnuancen nass ist, wird mit tupfenden Bewegungen des Schwämmchens oder des Pinsels ein Farbverlauf gestaltet. Beginne immer mit der dunkelsten Farbe und arbeite dich dann langsam vor, bis du die hellste Farbe mit in den Farbverlauf hineingearbeitet hast.

Praktische Farbdöschen

Dot-Painting-Technik

DER PERFEKTE PUNKT

Der perfekte Dot ist rund, in seiner Oberfläche eben und leicht erhaben.

GROSSE PUNKTE – GROSSE DOTTING-TOOLS

Große Dotting-Tools, zum Beispiel aus Acrylglas, besitzen eine runde und glatte Schnittkante an ihrem Ende. Sie sind für große Farbpunkte, insbesondere für den ersten mittleren Punkt vorgesehen, der besonders ins Auge fällt. Das Dotting-Tool wird senkrecht auf den Untergrund gesetzt, indem das Tool „fast" ganz auf den Stein aufgesetzt wird. Etwas Fingerspitzengefühl ist erforderlich, denn setzt man das Tool komplett auf den Stein auf, wird die Farbe gequetscht, es bilden sich unliebsame Spitzen, und die Farbe drängt sich aus dem Kreisrund. Dennoch ist es wichtig, dass das Tool wirklich „fast" aufgesetzt wird, da man nur so die Größe der Punkte kontrolliert und sicherstellt, dass weitere Punkte in dieser Größe auch gleich groß werden.

Mit etwas Geschick kann man große Punkte auch vorsichtig mehrmals in der gleichen Größe überdotten, solange die Farbe nass ist. Dabei wird das Dotting-Tool jedoch nicht ganz auf den Punkt aufgesetzt, sondern man füllt nur mehr Farbe auf den Punkt auf. Je mehr Farbe auf dem Punkt vorhanden ist, desto erhabener trocknet der Punkt anschließend ab.

Auch nach der Trocknung können große Punkte noch mal überpunktet werden, um die Erhabenheit der Punkte zu verschönern.

KLEINE PUNKTE – KLEINE DOTTING-TOOLS MIT METALLKUGELN

Bei kleineren Dotting-Tools ist die Problematik der gequetschten Farbe sehr selten, da das Werkzeug mit einer Metallkugel ausgestattet ist, die den Mandala-Stein nur mittig mit der Kugel berührt. Auch für kleine Dots gilt, dass sich reichlich Farbe am Dotting-Tool befinden muss, um gleichmäßig runde Punkte zu erhalten.

Um ganz kleine Pünktchen zu dotten, ist ein Dotting-Tool von 0,8 mm erforderlich. Als Alternative kann zum Beispiel ein Zahnstocher verwendet werden. Aber nicht nur das kleinste Dotting-Tool ist Voraussetzung für kleinst gemalte Pünktchen, sondern auch die Konsistenz der Farbe und die Gleichmäßigkeit der Punktgröße. Je flüssiger die Farbe ist, desto weniger Farbe nimmt das Werkzeug beim Eintauchen in die Farbe auf. Während man sonst satt Farbe aufnimmt, ist bei den kleinsten Tools weniger mehr.

Die Gleichmäßigkeit der Punktgrößen erreicht man unter anderem, wenn man das Werkzeug immer wieder an der gleichen Stelle in die Farbe eintaucht. Am Rand der Farbe könnte die Farbe bereits etwas angetrocknet oder cremiger sein, und schwups, ist der kleine Punkt plötzlich riesig groß.

EIN PUNKT IN VERSCHIEDENEN FARBEN

Mandalasteine sind besonders fröhliche Kunstwerke, da sie in vielen unterschiedlichen Farben erstrahlen. Auch wenn du es gern Ton in Ton magst, kannst du jeden einzelnen Punkt mit einer besonderen Leuchtkraft zum Erstrahlen bringen. Dafür wird der einzelne Farbpunkt mithilfe von verschieden großen Dotting-Werkzeugen mehrfach überpunktet.

Am schönsten wirken nuancierte Farbtöne. Ist der erste große Punkt beispielsweise dunkelblau, dottest du nach und nach, mit jeweils einem kleineren Werkzeug weitere, immer heller werdende Blautöne auf diesen einen Punkt. Diese Technik erzeugt einen 3D-Effekt, und die Punkte werden sehr schön erhaben.

Voraussetzung für diese Maltechnik ist, dass jeder einzelne Farbpunkt komplett getrocknet ist.

Nuancierte Farbtöne

AUFBAU OHNE HILFSLINIEN

Ein Mandalamuster beginnt stets mit einem großen zentralen Punkt aus satt Farbe, um den man sich Farbpünktchen für Farbpünktchen herum arbeitet. Das Ziel ist, den Stein mit dichten, symmetrisch angeordneten Pünktchen zu bemalen, sodass der Untergrund nur noch zu erahnen ist.

Nachdem der erste große Punkt mit einem größeren Werkzeug gemalt ist, dottet man die erste Pünktchenreihe mit einem kleinen Dotting-Tool um den ersten Punkt herum.

Für die meisten Mandalamuster ist eine gerade Anzahl von Punkten in der ersten Pünktchenreihe erforderlich, da sich mit Hilfe der geraden Anzahl von Punkten die notwendige Symmetrie für das Muster aufbauen lässt.

Die Dot-Painting-Technik bedeutet, dass du nach dem ersten Pünktchenkreis, jeweils einen etwas größeren Punkt zwischen zwei Punkte der vorherigen Reihe dottest.

Um eine gerade Anzahl von Punkten im ersten Pünktchen-Kreis zu erhalten starte mit dem ersten großen Farbpunkt in der Mitte. Setze dann einen kleinen Punkt auf 12 Uhr, einen auf 6 Uhr, einen auf 3 Uhr und einen auf 9 Uhr und fülle anschließend den Leerraum mit weiteren Punkten auf. Für die nächste Reihe Pünktchen nimmst du nun ein Dotting-Tool, das mindestens eine Nummer Größer ist. Diese Technik kann fortgeführt werden, bis man die gewünschte Anzahl an Pünktchenreihen gemalt hat.

Hält man sich an das Prinzip, stets einen größeren Punkt zwischen zwei kleinere aus der vorherigen Pünktchenreihe zu setzten, wird ein Mandalamuster automatisch symmetrisch, ohne vorher Hilfslinien auf den Untergrund gemalt zu haben.

Schön sehen die Pünktchenreihen aus, wenn sie farbig gestaltet sind. Verschiedene Farbnuancen einer Farbe sehen sehr harmonisch aus. Entscheide dich, ob dein Design von hell zu dunkel oder umgekehrt wachsen soll, und bleibe bei dieser Richtung, um ein für das Auge ruhiges Muster zu gestalten.

Um das bis hierher gleichmäßige Muster zu durchbrechen, arbeitet man zwischendurch immer wieder mit größeren Punkten. Bleibe bei dem Prinzip der Dot-Painting-Technik, setze deine Punkte jedoch beispielsweise nur zwischen jeden zweiten Punkt der vorherigen Reihe und verwende ein größeres oder sogar großes Tool.

Diese Punkte kann man zum Beispiel durch eine Umrandung von winzig kleinen Punkten verzieren. Entweder punktet man komplett um die einzelnen Punkte herum oder die sogenannten „Walking Dots“ kommen zur Anwendung.

Der symmetrische Aufbau
des Mandalamusters

TIPP: Um eine gerade Zahl von Punkten im ersten Pünktchenkreis zu erhalten starte mit dem ersten großen Farbpunkt in der Mitte. Setze dann einen Punkt auf 12 Uhr, einen auf 6 Uhr, einen auf 3 Uhr und einen auf 9 Uhr und fülle dann den Leerraum mit weiteren Punkten auf.

DIE WAHL DER WERKZEUGGRÖSSE

Anfänger stellen sich oft die Frage, mit welchen Dotting-Tool-Größen sie arbeiten sollen. Die Antwort ist sehr simpel. Da die Dot-Painting-Technik das Punkten zwischen zwei Punkten einer vorherigen Reihe bedeutet, musst du mit der Wahl des Tools nur sicherstellen, dass der neue Punkt den Leerraum zwischen den zwei Punkten gut ausfüllt. Die Frage nach der Einhaltung des Abstands stellt sich somit ebenfalls nicht.

Schwierig wird es, wenn du strikt versuchst ein Muster nach vorher aufgemalten Hilfslinien zu malen, dir aber noch etwas Erfahrung fehlt. Es ist viel einfacher und ungezwungener, wenn du ein Muster nach der Dot-Painting-Technik langsam wachsen lässt. Denn die Symmetrie sorgt dafür, dass fast jede Lücke geschlossen wird.

Es wäre unseriös, eine Werkzeuggröße für ein bestimmtes Muster zu empfehlen. Denn jeder arbeitet mit einer anderen Farbe mit einer unterschiedlichen Konsistenz und bei unterschiedlicher Raumtemperatur, die wiederum die Konsistenz der Farbe und somit die Größe der Punkte beeinflusst.

Du entscheidest, mit welcher Dotting-Tool-Größe gestartet wird, und von da an entscheiden die Leerräume zwischen den zwei Punkten der vorherigen Reihe, wie groß die Wahl deines nächsten Dotting-Tools sein muss, um eine Lücke mit Punkten zu schießen.

WALKING DOTS – WANDERNDE PUNKTE

Die sogenannten wandernden Punkte umschließen einen Farbpunkt, in einer abgewandelten Form. Das Besondere dabei ist, dass man das Dotting-Tool nur einmal in die Acrylfarbe taucht, einen Farbpunkt vor Kopf setzt und dann mit dem Dotting-Tool um den Punkt herum wandert. Da immer weniger Farbe am Dotting-Tool verbleibt, werden die Farbpünktchen immer kleiner und zarter, bis sie fast ganz verblassen.

Walking Dots lassen sich beliebig oft um einen Punkt herum malen. Dabei muss das Werkzeug pro Reihe etwas größer werden. Bei sehr langen Wegen um einen Punkt herum muss das Werkzeug für die ersten Punkte jeweils in die Farbe getaucht werden und erst zu einem späteren Zeitpunkt beginnen die Walking Dots.

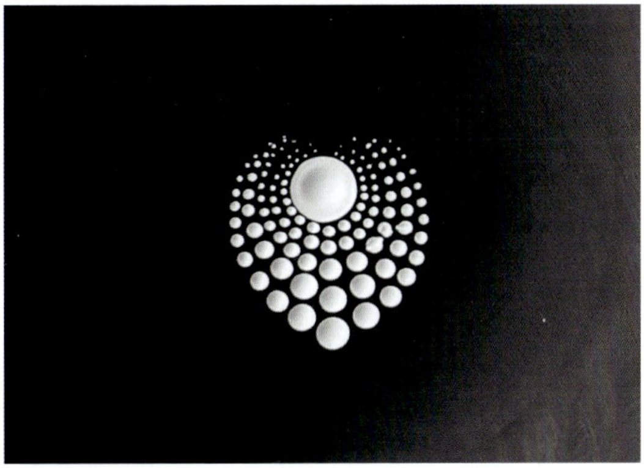

Walking Dots

SWIRLS – SCHWUNGVOLLE LINIEN

Swirls sind Farbstriche, die mit einer einhergehenden Verjüngung um einen Punkt herum gemalt werden. Das Dotting-Tool, gut versorgt mit reichhaltig Farbe, wird punktuell auf den Stein gesetzt, das Tool verbleibt dabei auf dem Stein und wird nicht mehr angehoben, sondern langsam um einen Punkt herumgezogen oder -geschoben. Die Verjüngung des Farbstrichs erfolgt automatisch, da immer weniger Farbe am Tool verbleibt.

Wer sich große Swirls wünscht, setzt den Punkt mit einem großen Dotting-Tool, greift dann aber zu einem sehr kleinen Werkzeug (ca. 0,8 mm und kleiner oder zu einer Stopfnadel), mit dem er den großen Punkt umrundet. Siehe auch Swooshes.

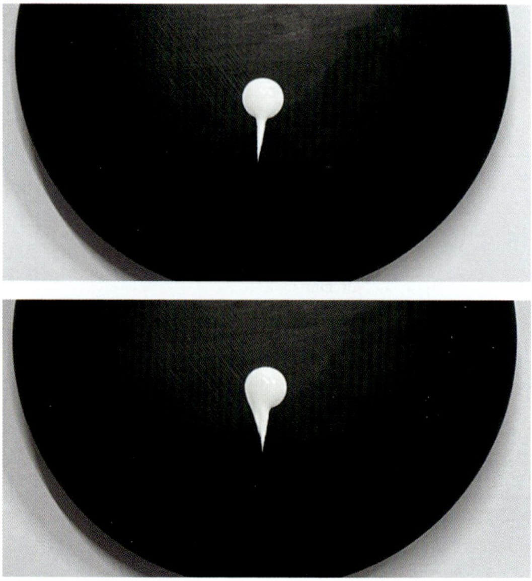

Aufbau der Swirls

SWOOSHES

Swooshes sind tropfenähnliche Designelemente des Dot Paintings, die Leer- beziehungsweise Zwischenräume eines Mandalamusters füllen können. Malt man sie farblich bunt und nebeneinandergereiht, sehen sie aus wie zauberhafte Blütenblätter.

Um Swooshes zu malen, wird ein satter Farbpunkt gedottet. Aus diesem Punkt heraus, zieht man mit einem sehr kleinen Werkzeug oder einer Nadel die Farbe bis zum gewünschten Punkt. Das Zaubermittel ist, viel Farbe auf dem Hauptpunkt zu haben, damit daraus eine Verjüngung gemalt werden kann. Wird nicht viel Farbebenutzt, wird der Swoosh nicht ebenmäßig abtrocknen und Spuren des Werkzeuges bleiben sichtbar.

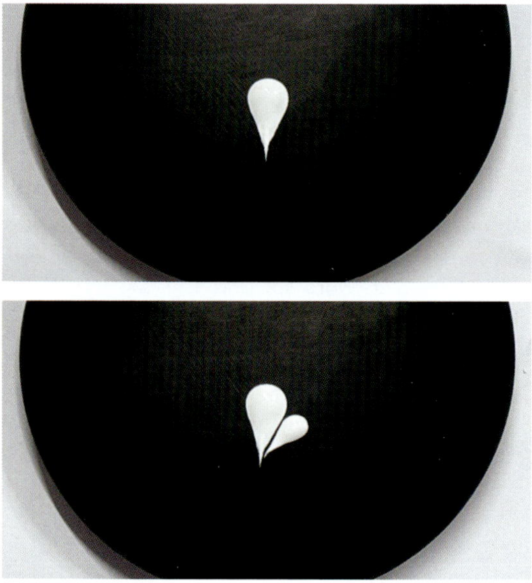

Aufbau der Swooshes

DOT PAINTING ÜBEN

Bitte mach deine ersten Pünktchen-Übungen nicht auf Papier, da Papier die Farbe aufsaugt und so die Konsistenz der Farbe kaum beurteilt werden kann. Gern empfehle ich das Punkten auf Tupperdosendeckeln, da die Farbpunkte nach dem Einweichen in lauwarmen Wasser und Spülmittel wieder entfernbar sind und du keine wertvollen Gips- oder Betondteine benutzen musst.

INSPIRATION ODER KOPIE

Bitte mach nicht den Fehler und versuche kunstvolle Mandalasteine nachzumalen. Dir fehlen am Anfang noch das Geschick und die Erfahrung, die der Künstler des Mandalasteins, den du nachmalen möchtest, bereits seit vielen Jahren besitzt. Die meditative Wirkung dieser wunderschönen Kunst geht verloren, wenn man auf Biegen und Brechen versucht, etwas nachzumalen. Selbst ein begnadeter Künstler ist nicht in der Lage, sein Kunstwerk eins zu eins nachzumalen.

Nimm dir stattdessen die Zeit und lass dein Kunstwerk langsam wachsen. In deiner Geschwindigkeit und mit deinen Fähigkeiten. Nur so wirst du diese Kunstform lieben lernen.

Darüber hinaus ist es nicht erlaubt Kunstwerke, auch in Teilen, zu kopieren. Das Geistige Eigentum eines Künstlers sollte stets respektvoll behandelt werden. In der internationalen Dot-Painting-Community ist das Kopieren ebenfalls nicht gern gesehen.

Jeder Künstler erfreut sich daran, wenn seine Kunstwerke Inspirationen schenken, doch es ist ein Unterschied, ob man sich inspirieren lässt oder Kunstwerke kopiert.

GRUNDIERUNG VON MANDALA-STEINEN

Es wird gern von einer Grundierung von Steinen gesprochen, doch in Wirklichkeit ist die Grundierung nichts anderes als die Untergrundfarbe. Sie wird ebenso aus Acrylfarben mit dem Pinsel auf den Stein aufgetragen.

Auftragen der Untergrundfarbe

Für die Grundfarbe eines Mandalasteins wird hauptsächlich die Farbe Schwarz gewählt, was zunächst trist und unfreundlich klingt. Doch der schwarze Untergrund sorgt dafür, dass die Brillanz der gepunkteten Farben wunderschön strahlend zur Geltung kommt. Darüber hinaus sieht man bewusst von dem schwarzen Untergrund nichts mehr, wenn das Punktwerk den Stein final verziert.

Als Untergrundfarbe können auch Aquarellfarben, Tafellacke, Kreidefarben oder Acrylfarbstifte verwendet werden. Bedenke nur: Wenn Untergrundfarben wasserlöslich sind, können kleine Schönheitsfehler nicht mit einem feuchten Wattestäbchen entfernt werden, da die Untergrundfarbe mit verschwinden würde.

TIPP: Der Untergrund für dein Pünktchenkunstwerk muss stets fettfrei sein. Sonst werden deine Farbpunkte aus Acrylfarben nicht gleichmäßig rund werden.

Frohe
Weihnachten

holly
jolly

DIE ERINNERUNG AN

Kirschblüten

Die Muster von Mandala-Steinen sind so vielfältig wie Sandkörner an einem Strand. Deiner Fantasie sind keinerlei Grenzen gesetzt, weder bei wunderschönen symmetrischen Mustern noch in deiner Farbauswahl.

DAS BRAUCHST DU

- Mandala-Stein-Rohling aus Gips, circa 9 cm
- Acrylfarbe für den Untergrund, Grau
- Pinsel für den Untergrund
- Dotting-Tools
- Acrylfarben Magenta, Pink, Rosa, Weiß und Hellorange
- Klarlack, z. B. Aqua, Seidenmattlack von Marabu
- Breiter Pinsel
- Kosmetikschwämmchen

TIPP

Lass Punkte trocknen, bevor du sie mit helleren Farbtönen zum Leuchten bringen möchtest. Wird auf nasse Farbe gedottet, werden Farbpunkte meistens nicht gleichmäßig rund.

1

2

3

1. Nachdem der erste große Punkt gedottet ist, folgt eine Reihe von kleinen weißen Pünktchen. Bei jeder oder jeder zweiten Reihe verwendest du jeweils ein größeres Dotting-Tool, damit die Punkte langsam größer werden, die Zwischenräume von zwei Punkten schön ausgefüllt werden und sich die Größe des Musters an die Größe des Mandala-Steines anpasst. Am Rande des Mandala-Steins angekommen, setzt man noch einmal größere Punkte in Magenta und verziert die Punkte mit Walking Dots (wandernden Pünktchen).

2. Die Walking Dots entstehen, indem du einen Punkt mittig vor einen großen Punkt setzt und langsam um den großen Punkt herum dottest. Das Besondere ist, dass das Dotting-Tool nur einmal in die Farbe getaucht wird und jedes weitere Pünktchen mit etwas weniger verbleibender Farbe am Tool die immer kleiner und zarter werdenden Pünktchen malt.

3. Um die Farbpunkte zum Leuchten zu bringen, punktest du nun jeden Punkt mit einem eine Nummer kleineren Werkzeug und einer etwas helleren Farbe erneut. Die ersten Punkte müssen dafür aber bereits vollständig getrocknet sein. Je mehr hellere Farbpunkte auf einen Punkt gemalt werden, desto farbintensiver leuchtet der Mandala-Stein.

Die verbleibenden kleinen Räume zwischen den Punkten werden nun mit Punkten eines kleinen Dotting-Tools befüllt.

Für das Lackieren oder Lasieren verwende einen breiten Pinsel. Besonders gut gelingen Lasuren, wenn du dafür ein Kosmetikschwämmchen benutzt. So können unschöne Pinselstreifen ganz leicht vermieden werden.

1

Merry
AND
Bright

Herzallerliebstes

Fragst du dich nicht jedes Jahr, was du deiner Mutter oder besten Freundin zu Weihnachten schenken sollst? Etwas Selbstgemachtes, doch ist es auch fein genug, sodass es nicht in der nächsten Schublade verschwindet? Ein zartes Ringschälchen, in den Lieblingsfarben, kommt da doch wie gerufen.

DAS BRAUCHST DU

- Porzellanschälchen, 10 cm
- Acrylfarben Rot, Orange, Gelb
- Klebepads
- Bleistift
- Schere
- Papier
- Dotting-Tools
- Klarlack, z. B. Aqua, Seidenmattlack von Marabu

TIPP

Beginne mit der dunkelsten Farbe am Rand deiner Schablone, um das Motiv mit Pünktchen deutlich hervorzuheben.

1. Zeichne mit einem Bleistift ein Herz oder einen Stern auf Papier, schneide das Motiv aus, und schon ist deine Schablone fertig.

2. Klebe auf die Rückseite der Schablone Klebepads und fixiere sie mittig auf dem Porzellanschälchen. Nutze reichlich Klebepads, damit die Schablone nicht verrutscht und du entlang der Schneidekante Farbpünktchen dotten kannst.

3. Koch dir einen Tee und mach es dir sitzend gemütlich für das Happy Dotting: Starte mit den farblich dunkelsten Pünktchen am Rand der Schablone entlang, damit das Herz-Motiv besonders hervorsticht. Lass stets genug Platz, um weitere Farbtöne aus Punkten setzen zu können.

4. Du gestaltest den Farbverlauf, indem du dunkle Rottöne mit wenigen orangefarbenen kombinierst. Die helle Farbe Gelb sollte erst weit Richtung Außenkante des Schälchens verwendet werden, um einen strahlenden Farbverlauf zu punkten. Nutze die unterschiedlichen Dotting-Tool-Größen, um das Design interessant zu gestalten, und hab stets reichhaltig Farbe an deinen Tools, damit die Farbpunkte leicht erhaben erscheinen.

Nicht vergessen: Um das Schälchen auch wirklich sicher nutzen zu können, ohne dass sich die Punkte aus Acrylfarben abnutzen und verkratzen oder die Farbe abblättert, ist es erforderlich, dass das Schälchen ein- bis zweimal mit Klarlack versiegelt wird.

2

Advent

Tischlein deck dich

MIT PÜNKTCHEN

Das Weihnachtsfest ist uns das liebste Fest im Jahr, und mit viel Liebe zum Detail wird der festliche Tisch dekoriert und eingedeckt. Etwas ganz Besonderes sind handbemalte Gläser in elegantem Weiß und Gold. Jedem Lieblingsmenschen wird ein Lächeln aufgehen.

DAS BRAUCHST DU

- Sekt- oder Weingläser
- Acrylfarben Silber, Gold und Weiß
- Für eine permanente Bemalung Glas- und Porzellanmalfarben
- Dotting-Tools
- Klebepads
- Organza-Band, Weiß
- Geodreieck

TIPP

Für eine permanente Bemalung sind Glas- und Porzellanmalfarben empfohlen. Acrylfarben lassen sich später wieder entfernen.

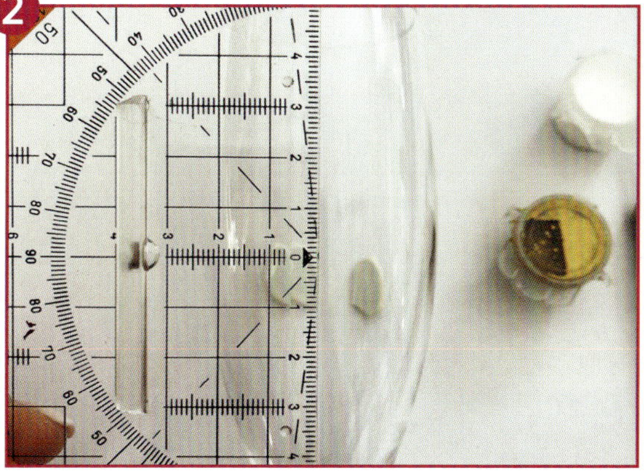

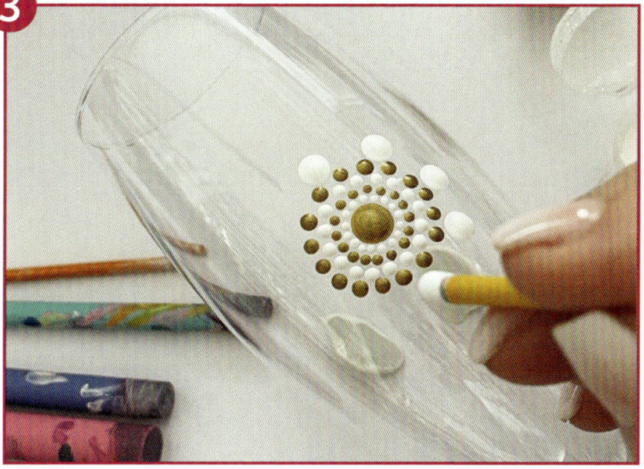

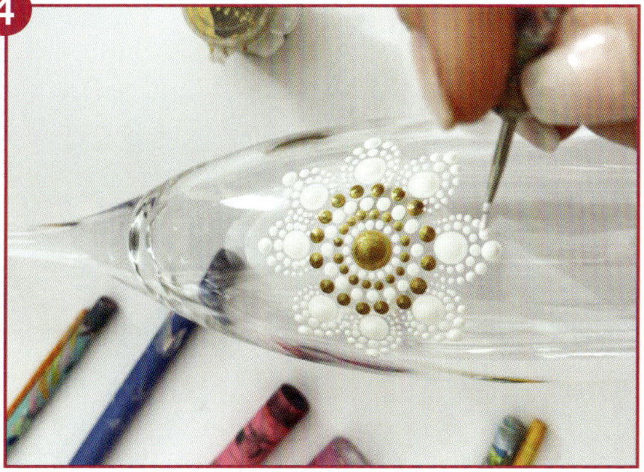

1. Es gibt zwei Möglichkeiten, Gläser zu bemalen. Für eine permanente Bemalung, die ein wiederkehrendes Reinigen erlauben soll, ist die Verwendung von Glas- und Porzellan-Malfarben erforderlich. Wer Omas hauchzarte Sektgläser nach dem festlichen Tag heimlich wieder glasklar und strahlend in die Vitrine stellen mag, nutzt für die Pünktchenkunst normale Acrylfarben, die sich nach dem festlichen Tag wieder entfernen lassen. Für die Bemalung müssen die Gläser sauber und fettfrei sein, da Acrylfarben sonst nicht zuverlässig haften. Damit dir das Glas während des Malens nicht aus der Hand rutscht, verwende Klebepads, die an der Rückseite des Glases befestigt werden, denn schnell rollt ein Glas zerstörerisch durch die frische Farbe deiner Pünktchen.

2. Für ein Mandala-Muster bestimmt das Geodreieck zunächst den Mittelpunkt, bevor es mit der Dot-Painting-Technik weitergeht. Für einen eleganten Eindruck auf dem festlich gedeckten Tisch ist auf ein ausladendes Muster verzichtbar, denn für hübsch gestaltete Sektgläser ist weniger ein Mehr.

3. Besonders hübsch wirken feine Organza-Schleifen, die direkt unter dem Kelch befestigt werden. Sind die Gläser bemalt, sollten sie an einem warmen Ort mindestens 24 Stunden trocknen.

4. Ob dezentes Pünktchenmuster, elegante Ornamente, Spiralen oder Mandalas, deine Gäste werden ganz begeistert sein. Ein paar bepunktete Serviettenringe verleihen den letzten Schliff.

3

4

1

2

3

4

1.–4. Nicht nur auf fettigem Untergrund werden gesetzte Dots nicht rund, sondern auch auf porösem Untergrund, wie hier auf Beton, der ebenso eine farbaufsaugende Wirkung besitzt. Nur mit reichhaltig Farbe am Dotting-Tool werden Pünktchen garantiert rund. Damit deine Punkte von vornhinein schön werden, ist es gut, wenn du die Häuser ein- bis zweimal mit einem klaren Lack einpinselst.

Für die Bemalung nutze die Seite der Häuser, die nicht zum Eingießen benutzt wurde. Diese Seite besitzt den glattesten Untergrund.

Neben dem minimalistischen Look von dekorativem Beton hat dieser den Vorteil gegenüber Gips, dass er auch für die Außendekoration genutzt werden kann. Ob Regen, Sturm oder Frost, Beton bleibt seiner Form und Farbe treu.

WINTER-MANDALA-Landschaft

Eine weihnachtliche Winterlandschaft aus bemalten Häusern auf der Fensterbank oder im Vorgarten neben grünen Tannenzweigen zaubert uns in der Adventszeit ein heimeliges Gefühl in den Sinn. Woher es wohl kommen mag, dass uns Häuser in weihnachtliche Stimmung versetzen?

DAS BRAUCHST DU

- Bastelbeton
- Häuser-Beton-Form-Set, 5,5 cm bis 10 cm
- Klarlack, z. B. Aqua, Seidenmattlack von Marabu
- Acrylfarbe Weiß
- Dotting-Tools
- Selbstklebende Filzgleiter

TIPP

Beklebe die Unterseiten der Häuser mit selbstklebenden Filzgleitern, damit Möbelstücke keine Kratzer bekommen können.

jingle
all the
way

5

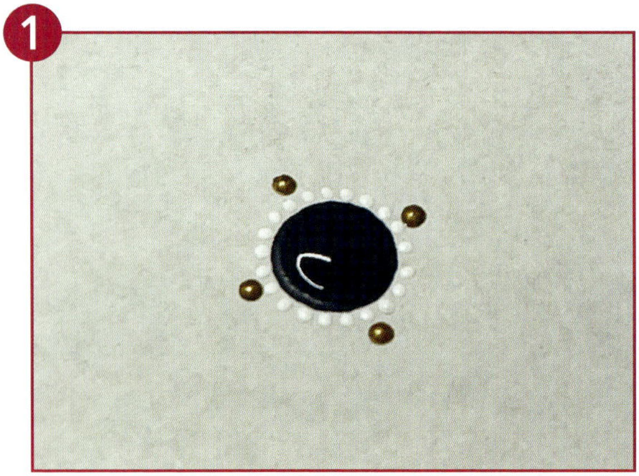

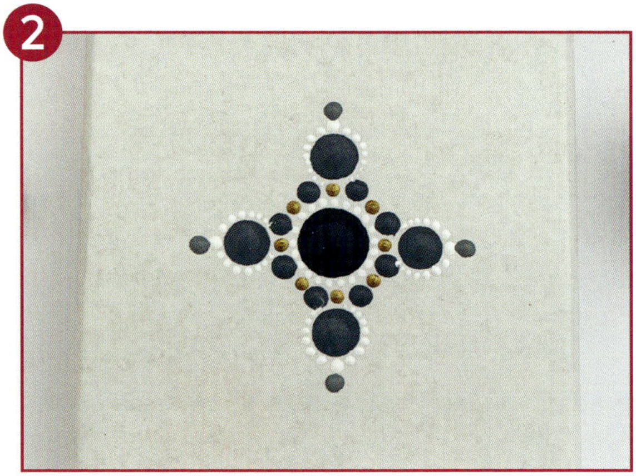

1. Besondere Achtsamkeit ist bei diesem Projekt geboten, denn ein falsch gesetzter Punkt auf Karton kann nicht mit einem feuchten Wattestäbchen wieder entfernt werden. Der Karton saugt die Acrylfarbe zudem etwas auf, und manche Pünktchen werden deshalb nicht gleichmäßig rund. Betrachtet man jedoch das Gesamtbild, verzeiht man jede kleine Unregelmäßigkeit von Herzen gern.

2. Nach zwei ersten Pünktchenreihen in Weiß, Blau und Gold, werden bei diesem Muster nur vier größere Punkte gesetzt. Der Farbverlauf ist hier von dunkel zu hell durch mehrere Walking-Dots-Pünktchen gestaltet. Die Farbe Gold bettet die Pünktchenreihen harmonisch ein. Je nach Größe der Buntbox, darf das Muster unendlich weitergeführt werden.

3. Bei den Walking Dots wird mit einem etwas größeren Dotting-Tool zunächst ein Punkt mittig vor den großen Punkt, der umrundet werden soll, gesetzt. Mit einem kleineren Dotting-Tool tauchst du nun einmal in die Farbe und wanderst Pünktchen für Pünktchen um den Punkt herum.

4. Nun werden die Lücken der vier sternartig verzierten Punkte mit weiteren Dots verziert. Ganze Pünktchenreihen sehen hier hübscher aus als die Technik der Walking Dots. Es ist stets ein Augenschmaus, wenn man sein gemaltes Muster mit weiteren Design-Elementen durchbricht. Deiner Fantasie sind niemals Grenzen gesetzt.

Bunte Geschenkboxen

FÜR KLEINE GESCHENKE

Weihnachtsgeschenke möchte man besonders hübsch verpacken. Die Alternative zu Geschenkpapier sind selbstgestaltete Buntboxen. Verziert mit Mandala-Mustern, sind sie schon vor der Bescherung ein besonderes Highlight.

DAS BRAUCHST DU

- Buntboxen aus Karton
- Geodreieck
- Bleistift
- Acrylfarben Blau, Hellblau, Weiß, Gold
- Dotting-Tools

TIPP

Eine schöne Idee ist auch, einen Adventskalender für viele kleine Überraschungen aus bunten Boxen zu basteln.

ho
ho
ho

6

1

a

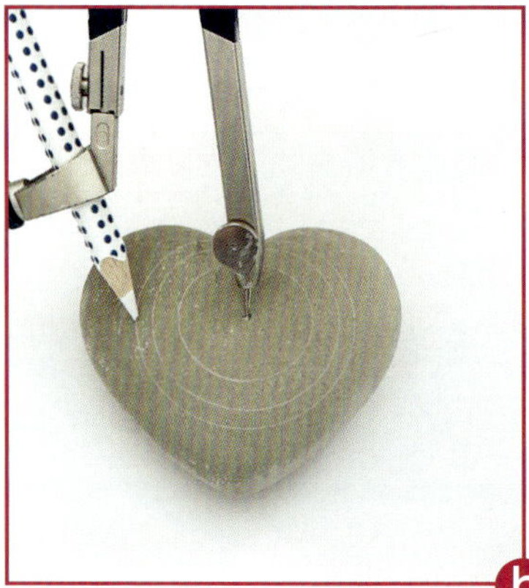

b

2

3

4

1. Nachdem der Mittelpunkt des Herzens bestimmt ist, zeichnest du mit einem Zirkel und Kreidestift mehrere Kreise als Hilfslinien auf das Herz. Die Kreidestiftlinien sollten nur sehr zart gemalt werden, da manche Punkte auf der Kreidestiftlinien nicht rund werden wollen. Die Linien lassen sich nach der Trocknungszeit mit einem feuchten Wattestäbchen leicht wieder entfernen.

2. Dotte die ersten Reihen nach dem Dot-Painting-Prinzip. Um eine gerade Anzahl von Pünktchen für das Ausgangsmuster zu erhalten starte mit einem Punkt auf 12 Uhr, einem auf 6 Uhr, einem auf 3 Uhr und einem auf 9 Uhr. Fülle die Zwischenräume gleichmäßig auf.

3. Wunderschön ist der Farbverlauf von Gelb zu Orange und Pink. Kleine Leerräume werden mit kleinen Pünktchen aus Rosa und Zitronengelb geschlossen. Größere hellgrüne Punkte füllen den Leerraum zwischen den pinken Punkten, die mit Walking Dots umrundet werden.

4. Bestimme den Kreis, der komplett mit weißen Pünktchen gedottet wird. Verwende dafür das kleinste Dotting-Werkzeug. Der Kreis sollte innerhalb der Wölbung des Herzes liegen, damit das Mandala harmonisch wirkt. Es darf etwas Platz gelassen werden, sodass das Mandala atmen kann. Dann umrundest du das Herz mit allen bereits verwendeten Farben mit dem größeren Dotting-Tool. Nach der Trocknungsphase mit Klarlack lasieren.

RAUER BETON TRIFFT

zartes Mandala

Mandalas werden meistens in sehr bunten Farben gemalt, und die Inspiration zur Farbenauswahl erfolgt oft durch die Natur. Während früher zu Weihnachten ausschließlich gedeckte Farben als schick angesehen wurden, ist das christliche Fest heute auch in quietschbunt akzeptiert.

TIPP

Fehler können mit dem feuchten Wattestäbchen entfernt werden. Die Farbe kann sehr schnell in den Beton einziehen, schnelles Handeln ist angesagt.

DAS BRAUCHST DU

- Bastelbeton
- Silikon-Herzform
- Zirkel
- Kreidestift
- Maßband oder Geodreieck
- Acrylfarbe Weiß, Gelb, Zitronengelb, Orange, Hellgrün, Rosa, Pink
- Dotting-Tools
- Selbstklebende Filzgleiter
- Klarlack, z .B. Aqua, Seidenmattlack von Marabu

Oh du Fröhliche

7

1

2

3

4

1. Diese Box gestaltet sich ausschließlich durch die Umrundung von bunten Pünktchenreihen. Nachdem der Mittelpunkt der Box ausgemessen ist, startest du mit einem mittleren großen Punkt. Dieser wird mit kleinen weißen Pünktchen deines kleinsten Punktierungswerkzeuges besonders sorgfältig umrundet. Für die weiteren Pünktchenreihen wird das nächstgrößere Dotting-Tool verwendet. Wenn du nun wirklich sorgfältig arbeitest und stets zwischen zwei Punkte der vorherigen Reihe deine Pünktchen dottest, ist es auch bei diesem Design nicht erforderlich, Hilfslinien aufzuzeichnen.

2. Vergiss niemals, dass wir kreative Menschen sind und minimalistisch kleine Pünktchen von Hand malen. Dabei darf das Muster durchaus etwas schief geraten. Die Übung wird dir Sicherheit schenken.

3. Bei diesem Mandala wird eine gerade Anzahl von Pünktchen in der ersten Reihe benötigt. Starte mit dem großen Punkt aus Weinrot, der von weißen Pünktchen umschlossen wird. Es folgen zwei Reihen mit einem jeweils größeren Dotting-Tool erneut in Weinrot und dann in Pink. Setze dann die orangenen größeren Punkte jeweils zwischen jedem zweiten Zwischenraum der vorherigen Reihe.

4. Die Orangenen Punkte werden mit Walking Dots verziert; zunächst in Weiß, dann in Weinrot, Rosa, Orange und Weiß. Besonders harmonisch wirkt es, wenn das Muster nicht ausladend gemalt wird, sondern atmet und den Blick auf die schöne Struktur des Naturholzes erlaubt. Letzte farbige kleine Dots werden sternförmig als kleine Linie gepunktet. Versiegle zuletzt mit Klarlack.

Mandala-Stiftebox

AUS HOLZ

Farben haben eine unschätzbare Kraft. Sie beeinflussen unsere mentale Gesundheit, und sie können ganz leicht für ein heimeliges Wohlbefinden sorgen. Die Stiftebox in warmen und leuchtenden Farben soll einem grauen Büroalltag etwas Farbe schenken. Ein schönes Geschenk für KollegInnen!

DAS BRAUCHST DU

- Zwei Boxen aus Holz (Bambusholz)
- Acrylarben Weiß, Weinrot, Pink, Rosa, Orange, Hellorange
- Geodreieck
- Bleistift
- Dotting-Tools
- Klarlack, z. B. Aqua, Seidenmattlack von Marabu

TIPP

Kleine Fehler müssen schnell mit einem feuchten Wattestäbchen entfernt werden, da die Farbe in das Holz einziehen kann.

joy to the world

8

1

a b

2

3

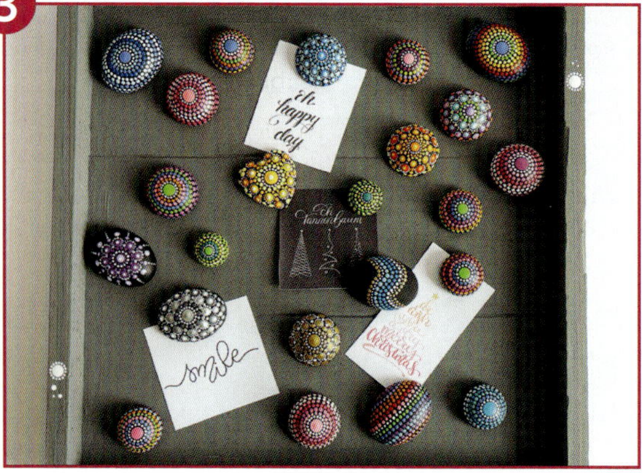

4

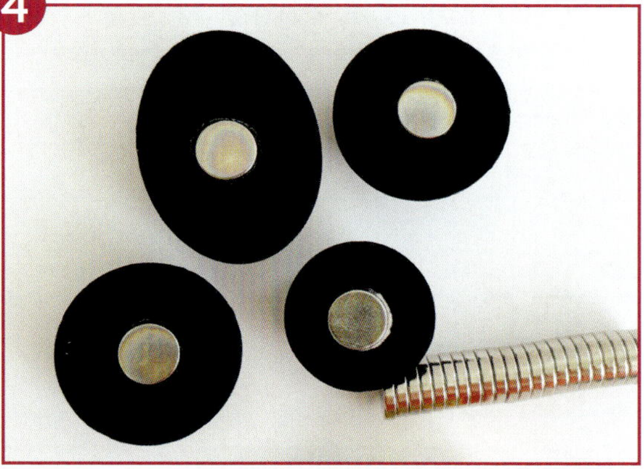

1. Streiche ein Holztablett mit der Acryl-Grundierung für Magnet-Haftflächen von Marabu an. Je nach Größe des Tabletts, kannst du auch eine kleine Farbwalze verwenden. Um später eine ausreichend gute Haftung für die Magnete zu erzielen, muss diese Grundierung mindestens drei Mal aufgetragen werden.

2. Die Magnete werden in einer Schmuck-Stein-Gießform aus Gips gegossen. Beachte die Herstellerangaben zum Mischverhältnis für das Gips-Anrühren. Um die Feuchtigkeit schnell aus den kleinen gegossenen Gipssteinen zu bekommen, lege sie auf trockenes Küchenpapier. Anschließend werden die kleinen Gipssteine mit Acrylfarben in Schwarz angepinselt.

3. Deiner Fantasie sind bei der bemalung der kleinen Magnete keine Grenzen gesetzt. Regenbogenfarben sind stets ein liebevoller Hingucker, aber auch Farbverläufe sind besonders schön. Ob edel und schlicht in Gold und Silber oder knallig bunt. Für die kleine Denk-an-Mich-Mini-Pinnwand sind alle Farben erlaubt.

Da die Magnete immer wieder in die Hand genommen werden und die Leuchtkraft der Farben erhalten bleiben soll, ist eine mindestens zweimalige Versiegelung ratsam.

4. Zuletzt werden kleine Magnete vorsichtig mit Sekundenkleber auf die Rückseiten geklebt. Trage dabei unbedingt Handschuhe.

DENK AN MICH – MINI-PÜNKTCHEN-MAGNET-Pinnwand

Lasst uns einen bunten Ort gestalten, an dem wir unsere Zettelchen in Zukunft sicher finden werden. Liebe Botschaften und Nachrichten, Einkaufszettelchen und Termine: Mit der Mini-Pünktchen-Magnet-Pinnwand wird es garantiert unvergesslich bunt und fröhlich.

DAS BRAUCHST DU

- Holztablett, circa 30 x 30 cm
- Acryl-Grundierung für Magnet-Haftflächen von Marabu
- Chalky-Chic Schiefer, Kreidefarbe von Marabu
- Schmuck-Stein-Gießform
- Gips
- Mini-Magnete, circa 1 cm Durchmesser
- Sekundenkleber
- Acrylfarbe, Regenbogenfarben
- Klarlack, z. B. Aqua, Seidenmattlack von Marabu

TIPP

Lege die Magnete ausreichend weit auseinander, damit dir die Magnete nicht aneinanderspringen und dein Kunstwerk beschädigen.

Santa Claus

ANGEL ROAD

NORTH POLE

9

1

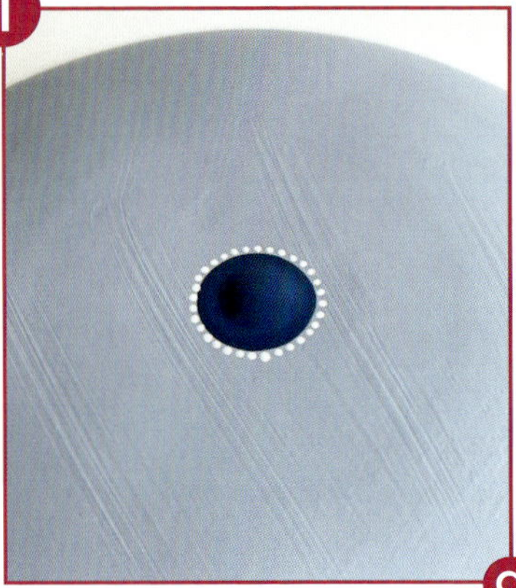

a

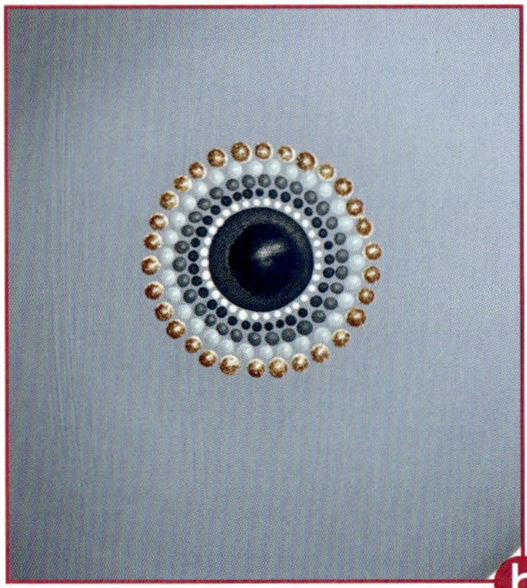

b

2

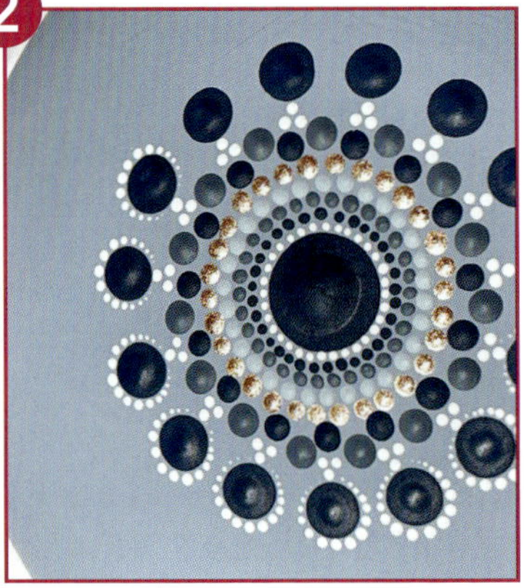

3

4

1. Für den Grundton des Steins ist ein heller Blauton gewählt. Aber das Mandala-Muster würde nicht wirken, wenn der Stein nicht um eine leuchtende Farbe ergänzt werden würde: Bis auf eine komplette Reihe durchbricht die Farbe Kupfer das rauchige Blau durch wenige Punkte, und lässt den Mandala-Stein harmonisch wirken. Nachdem der erste große Punkt gedottet ist, folgt eine Reihe winzig kleiner weißer Pünktchen, die eine gerade Anzahl besitzen sollten. Ist es dir nicht gelungen, ist das nicht schlimm, denn die zweite Reihe gelingt mit folgendem Trick: Punkte einen Punkt auf 12 Uhr, einen auf 6 Uhr, einen auf 3 Uhr und einen auf 9 Uhr. Fülle dann die Leerräume gleichmäßig mit Pünktchen auf und schon hast du eine gerade Anzahl von Pünktchen.

2. Von nun an punktet man stets zwischen zwei Punkten der vorherigen Reihe.

3. Eine Empfehlung der einzelnen Größen von Punktierungswerkzeugen auszusprechen wäre unseriös, denn schwerlich arbeitet jeder mit derselben Farbe, Konsistenz und bei gleicher Raumtemperatur, die die Größe der Punkte maßgeblich unterscheiden und bestimmen.

4. Die besondere Leuchtkraft gewinnt dieser Mandala-Stein dadurch, dass die großen Punkte nach einer jeweiligen Trocknungsphase mit je einer helleren Farbe und einem kleineren Werkzeug überpunktet werden. Die Punkte werden so leicht erhaben und erhalten dadurch einen 3D-Look.

Mandala-Blume

IN JEANSBLAU UND KUPFER

Hast du das Prinzip „Punkten zwischen zwei Punkten der vorherigen Reihe" verinnerlicht, bemalst du deine Steine selbstsicher und voller Fantasie. Spiele mit den Größen deiner Dotting-Tool-Werkzeuge und gib dich dem Flow meditativ hin. Vielleicht bei einer Tasse Tee und Weihnachtsgebäck!

DAS BRAUCHST DU

- Mandala-Stein-Rohling aus Gips, circa 9 cm
- Acrylfarbe blasses Blau für den Untergrund
- Acrylfarben Blautöne, Kupfer und Weiß
- Dotting-Tools
- Klarlack, z. B. Aqua, Seidenmattlack von Marabu

TIPP

Wie das Sahnehäubchen auf einer leckeren Torte verzaubert erst ein zusätzlicher und kontrastreicher Farbton das ansonsten Ton-in-Ton gestaltete Design.

twinkle
little
star

10

1. Streife dir zunächst Einweghandschuhe über! Nach dem gewissenhaften Rühren der Komponenten wird das Kunstharz, beginnend von der Mitte an, langsam auf die Baumscheibe gegeben. Die Baumscheibe kann mit kreisenden Bewegungen bewegt werden, um das Harz gleichmäßig zu verteilen, oder man streicht das Harz mit dem Pinsel auf die Baumscheibe auf. Die während des Rührens der Komponenten entstandenen Bläschen platzen in der Regel nicht von alleine auf. Sie werden mit einem heißen Fön, einem Küchen-Flambierbrenner oder einem Bunsenbrenner entfernt. Dafür wird die Oberfläche des Kunstharzes kurz mit großer Hitze berührt. Eventuelle Harztropfen werden mit dem Pinsel verstrichen. Die Trocknung, 12 bis 24 Stunden, sollte in einer staubfreien Umgebung erfolgen.

2. Um die Lebensringe der Baumscheibe sichtbar zu lassen, ist das Mandala-Muster nicht Punkt für Punkt eng bemalt.

3. Für die Swooshes wird das Dotting-Tool satt in Farbe getaucht, wie ein Punkt aufgesetzt und langsam um den Punkt gezogen, sodass sich die Linie verjüngt. Die Walking Dots wiederholen sich, der Weg um die Punkte wird länger: Beachte den Tipp!

4. Um das Mandala schön luftig erscheinen zu lassen, wird am Ende das System der Symmetrie aufgehoben, indem nur einseitig Swirls und Pünktchen als Linie um den letzten großen Punkt gemalt werden. So bleibt der Blick auf die natürlichen Lebenslinien der Baumscheibe erhalten.

HOLZBAUMSCHEIBE ALS Kerzenteller

Die Vorbereitung für das Arbeiten mit Kunstharz sollte ganz in Ruhe erfolgen. Alle Materialien, die benötigt werden, sollten in Griffnähe bereit liegen. Inzwischen ist Kunstharz ungiftig im Handel erhältlich.

DAS BRAUCHST DU

- Baumscheibe aus Holz, circa 15cm
- Kunstharz (Resin4Decor)
- Einweghandschuhe
- Synthetikpinsel (für den einmaligen Gebrauch)
- Plastikbecher
- Spatel
- Küchenwaage
- Bunsenbrenner
- Abstandshalter, Filz, Knete oder Klebepads

TIPP

Ist der Weg für einen Walking Dot lang, setze einen großen Punkt mittig, dann einen kleineren rechts und links und wandere mit dem kleinen Werkzeug um den Punkt.

dot love

11

1

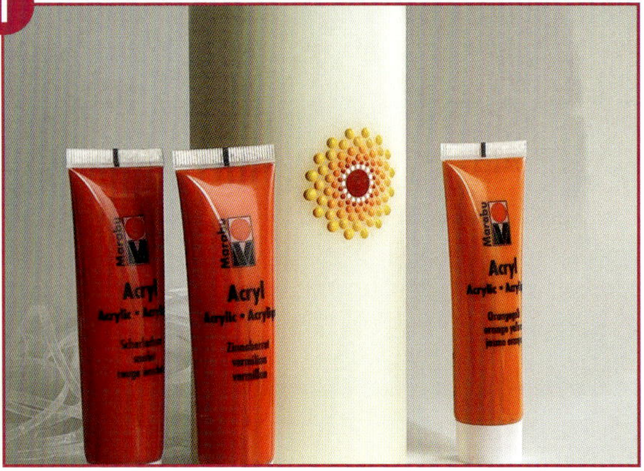

2

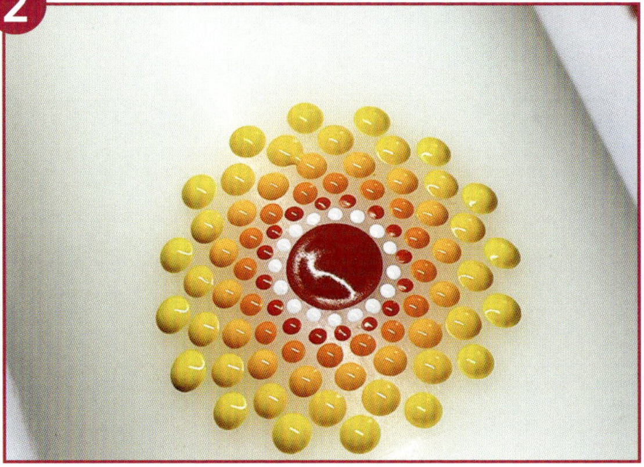

3

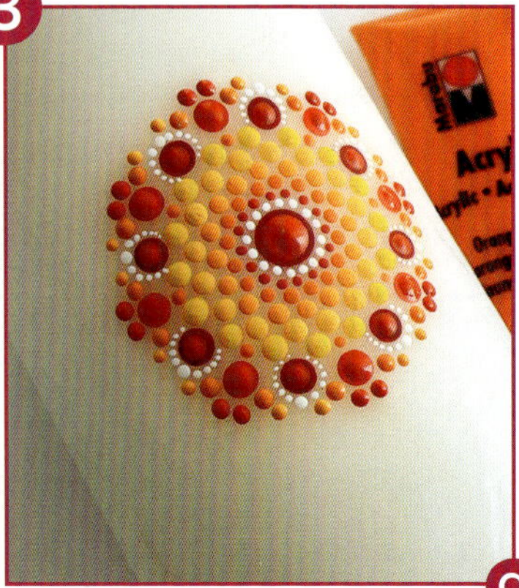

a

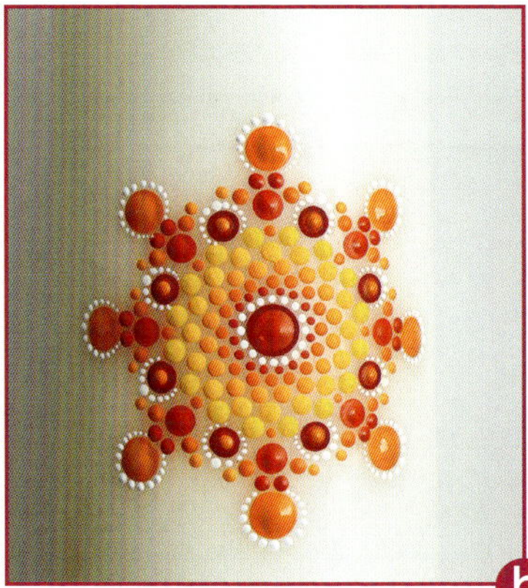

b

4

1. Eine Kerze rollt davon, wenn sie liegt, so empfiehlt es sich, auf der Rückseite Klebepads oder Knetbällchen anzubringen. Voraussetzung, um auf Kerzen zu dotten, ist, dass man sehr viel Farbe mit dem Dotting-Tool aufnimmt. Das Mandala beginnt mit einem großen Punkt in tiefrot. Darum werden weiße Pünktchen mit dem kleinsten Dotting-Tool gepunktet. Für das Design wird eine gerade Anzahl von Pünktchen in der ersten Reihe benötigt.

2. Es folgen fünf Reihen Pünktchen, die jeweils mit einem größeren Dotting-Tool gepunktet werden. Jeder Punkt wird zwischen den Zwischenraum zweier Farbpunkte der vorherigen Reihe gemalt. Die Kerze erhält ihren strahlenden und warmen Look, indem die Farben von Dunkelrot bis Sonnengelb nach außen hin in den Reihen verlaufen.

3. Die größeren nun folgenden roten Punkte werden in jeden zweiten Zwischenraum gesetzt. Dadurch entsteht ausreichend Platz, um jeden zweiten Punkt mit Walking Dots zu umwandern. Die Punkte, die nun keine Walking Dots besitzen, sind der Ausgangspunkt, um die acht Designelemente, erneut aus Walking Dots, wachsen zu lassen. Die großen orangenen Punkte werden nun mit sechs Reihen Pünktchen umrandet.

4. Nach einer jeweiligen Trocknungszeit werden abschließend die großen Punkte mit einem kleineren Werkzeug eine Nuance heller gedottet.

MANDALA-ADVENTS-Zierkerze

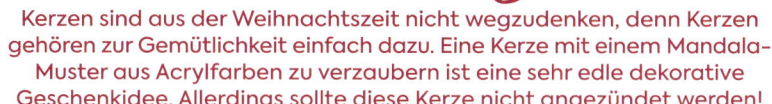

Kerzen sind aus der Weihnachtszeit nicht wegzudenken, denn Kerzen gehören zur Gemütlichkeit einfach dazu. Eine Kerze mit einem Mandala-Muster aus Acrylfarben zu verzaubern ist eine sehr edle dekorative Geschenkidee. Allerdings sollte diese Kerze nicht angezündet werden!

DAS BRAUCHST DU

- Stumpenkerze, Cremeweiß, circa 20 cm groß
- Acrylfarben von Marabu, Rot, Hellrot, Orange, Hellorange, Gelb, Zitronengelb, Weiß
- Maßband
- Dotting-Tools
- Klebepads

HINWEIS

Beachte bitte, dass das Abbrennen der Acrylfarbe giftige Dämpfe freisetzen könnte. Diese Kerze ist eine reine Dekokerze.

This is
the season
to be
jolly

12

1

2

3 a

b

4

1. Das Herz wurde mit schwarzer Farbe grundiert und der Mittelpunkt mit Hilfe eines Geodreiecks bestimmt. Die zarten Hilfslinien mit dem Kreidestift lassen sich nach der Bemalung mit einem feuchten Wattestäbchen wieder entfernen.

2. Auf Grund der etwas ausladenden Form ist das eigentliche Mandala-Muster nur in der Mitte des Herzens gemalt und lediglich feine Pünktchen-Linien vollenden das Design über den Rand hinaus.

3. Das Mandala-Muster wird von Swooshes abgeschlossen: Du startest mit einem großen Punkt und einem großen Dotting-Tool. Das Besondere, damit Swooshes gelingen, ist, dass dieser eine Farbpunkt aus sehr viel Farbe bestehen muss. Wenn der Punkt nicht viel Farbe besitzt, muss der Punkt mehrfach gepunktet werden, bis ein kleines Farbhäufchen entsteht. Nun wird mit dem kleinsten Dotting-Tool aus diesem einen Punkt heraus die geschwungene Linie gezogen. Dieser Vorgang wird mehrfach wiederholt, bis die tropfenähnliche Form an allen Stellen sehr gut mit Farbe ausgefüllt ist.

4. Nach einer Trocknungsphase (mehrere Stunden) wurden auf die bereits gemalten Swoshes weitere kleinere gemalt. Besonders schön wirken sie, wenn ein hellerer Farbton dazu verwendet wird. Auch das Auftragen von mehreren Farben lässt dieses Design-Element fast wie 3D wirken. Die Trockungsphase ist wichtig, da das Dotting-Tool sonst die Farbe der gemalten Swooshes beschädigen würde.

Herz
MIT SWOOSHES

Die Farben Grün und Beere passen besonders schön in die Weihnachtszeit, und ein paar Pünktchen in Gold setzen dezente Akzente.

DAS BRAUCHST DU

- Herz aus Gips, Beton oder Porzellan
- Zirkel mit Kreidestift
- Geodreieck oder flexibles Maßband
- Dotting-Tools, ein kleines Werkzeug von 0,8 mm
- Stopfnadel oder Zahnstocher
- Acrylfarben in Schwarz, Grün, Beere und Gold
- Filzgleiter, damit der Untergrund des Steins keine Möbel beschädigt.
- Klarlack, z. B. Aqua, Seidenmattlack von Marabu

TIPP

Achte beim Kauf von Dotting-Tools darauf, dass ein wirklich kleines Werkzeug von 0,8 mm oder kleiner dabei ist, damit Swooshes und Swirls gut gelingen.

warm
winter
wishes

13

1

2

a

b

3

4

1. Die Konzentration liegt bei diesem Stein auf Symmetrie und Farbwahl. Die Symmetrie erhalten wir, wenn bewusst und sorgfältig nach der Dot-Painting-Technik gepunktet wird. Nachdem der erste Punkt gesetzt ist, geht es mit einer ersten Pünktchenreihe eines kleinen Dotting-Tools und mit einer geraden Anzahl von Pünktchen weiter.

2. Die nächsten Reihen entstehen durch Punkte, die stets zwischen zwei Punkte der vorderen Reihe gesetzt werden. Dabei ist zu berücksichtigen, dass das Dotting-Tools Anwendung findet, das den Raum zwischen den Punkten, zwischen denen gepunktet werden soll, auch tatsächlich ausfüllt. Die Walking Dots um die großen Punkte herum werden ebenfalls in Regenbogenfarben gepunket.

3. Es ist sehr hilfreich und materialschonend, die Regenbogenfarben in kleine Kunststoffdöschen abzufüllen, da man die Farben mehrfach verwendet. Damit der Stein besonders leuchtet, werden fast alle Farbpunkte mit einem jeweils kleineren Dotting-Tool und einer helleren Farbnuance überdottet. Da man oft nicht alle Farbtöne besitzt, mischt man die helleren Farbtöne in den Farbtöpfchen zum Beispiel mit der Zugabe von Weiß an.

4. Hat man die Absicht, alle Punkte noch einmal mit einer helleren Farbe zu überpunkten, ist es nicht erforderlich, die ersten Punkte mit besonders viel Farbe zu punkten. Durch das mehrfache Überpunkten gewinnt der Punkt an Intensität und Erhabenheit und es entsteht ein optischer 3D-Effekt.

Regenbogen-Stein

TON IN TON

Die Faszination der Punktmalerei ist überwiegend der filigranen Pünktchentechnik und der brillanten Farben geschuldet. Ton in Ton, quietschbunt oder Regenbogenfarben. Die Farben des Regenbogens vermitteln eine friedvolle Stimmung und festigen unsere Sehnsucht nach Frieden.

DAS BRAUCHST DU

- Mandala-Stein-Rohling gewölbt, circa 9 cm
- Regenbogen-Acrylfarben
- Acrylfarbe Schwarz für die Grundierung
- Acrylfarbe Weiß zum Mischen der helleren Farbnuancen
- Farbtöpfchen aus Kunststoff
- Dotting-Tools
- Klarlack, z. B. Aqua, Seidenmattlack von Marabu

TIPP

Möchte man Punkte mit einer helleren Farbe überpunkten, kann man die ersten Punkte mit wenig Farbe punkten und so die Trocknungsphasen verkürzen.

All I want
for Christmas
is you

14

1. Dekorative Pünktchen aus Acrylfarben können auch ohne eine Lasur mit einem feuchten Tuch gereinigt werden, und es ist nicht erforderlich, spezielle Farben zu benutzen. Eine Tasse, die jedoch jeden Tag hygienisch gereinigt werden soll, benötigt die Bemalung mit Glas- und Porzellanmalfarben.

2. Die Konsistenz von Glas- und Porzellanmalfarben stellt sich etwas anders dar als die mit Acrylfarben. Die Farben sind meistens zähflüssiger, sodass Punkte recht langsam gedottet werden müssen, damit sich keine Ziehfädchen bei der Bemalung bilden. Auch verläuft die Farbe etwas schneller, sobald man die Tasse nicht ganz gerade hält.

3. Das Mandala-Muster auf der abgebildeten Tasse ist mit Acrylfarben bemalt. Das Besondere an diesem Muster sind die kleinen, gemalten Blätter, die die größeren Punkte wie Blumenblätter umschließen. Die Blätter werden ebenfalls mit dem Dot-Painting-Werkzeug gemalt. Wähle dazu ein kleines Werkzeug aus und male die Blätter wie mit einem Buntstift. Ist die Blattform gemalt, füge mithilfe des Dotting-Tools etwas mehr Farbe auf das gemalte Blatt, damit es erhabener abtrocknet.

4. Das i-Tüpfelchen des Designs gestaltest du mit wenigen kleinen Punkten außerhalb des Haupt-Musters.

Lieblings-Tasse

ODER TEE, KAFFEE ODER DEKORATION

Während eine Tasse, die nur der Dekoration dienen soll, mit herkömmlichen Acrylfarben bemalt werden kann, muss eine Tasse für die alltägliche Benutzung mit Glas- und Porzellanmalfarben bemalt werden.

DAS BRAUCHST DU

- Porzellantasse
- Acrylfarben, vier verschiedene Blautöne, Weiß oder Glas- und Porzellanmalfarben
- Dotting-Tools

TIPP

Vor der Bemalung muss die Porzellantasse gründlich gereinigt werden. Arbeitest du mit Porzellanmalfarben, ist es ratsam, Handschuhe zu tragen.

be
jolly

15

1

2

a

b

3

4

1. Streife dir zunächst Einweghandschuhe über, denn es wird kunterbunt. Gib die gewünschten Farben nebeneinander auf eine Malerpalette. Einen Farbverlauf zu gestalten, gelingt am besten, wenn mit der dunkelsten Farbe begonnen wird. Dafür wird der Schablonierpinsel vorsichtig in die Farbe getaucht und zu viel Farbe auf einem Tuch wieder abgetupft. Dann tupfst du mit dem Schablonierpinsel auf dem Stein. Drehe den Stein in der Hand, um einen gleichmäßigen Auftrag zu erreichen. Lass den dunklen Farbton nicht zu ausladend werden, damit Platz für weitere Farbabstufungen bleibt.

2. Es ist ausreichend, wenn man die Farben auf einem Tuch abwischt, bevor man in den helleren Farbton eintaucht. Dieser Prozess wiederholt sich nun mit der nächsthelleren Farbe. Die hellste Farbe wird zuletzt aufgetupft.

3. Man kann die Farben immer wieder neu übertupfen. Doch der Schablonierpinsel schäumt die Farbe ein wenig auf, sodass kleine Bläschen auf der Oberfläche entstehen. Dadurch wird die Oberfläche des Steins auch nach der Trocknungsphase nicht ganz glatt sein. Um ein möglichst glattes Ergebnis zu haben, trocknest du den Schablonierpinsel immer wieder auf dem Tuch ab.

4. Um nun die Feinheiten des Farbverlaufs nachzuarbeiten, wird der Pinsel nicht mehr in die Farbe auf der Malerpalette getaucht, sondern nur noch in die Farbe auf dem Tuch.

BUNT GRUNDIERTE

Mandala-Steine

In der Punktmalerei wird häufig auf schwarz grundierten Steinen gemalt. Das tiefe Schwarz wirkt zunächst trist und unfreundlich, bringt jedoch jede gepunktete Farbe zum Leuchten. Bunte Untergründe schaffen Abwechslung.

DAS BRAUCHST DU

- Gipssteine, circa 8, 7 und 5 cm
- Schablonierpinsel von Marabu (oder Kosmetikschwämmchen)
- Acrylfarben Rot, Orange, Gelb
- Acrylfarben Dunkelblau, Blau, Hellblau, Türkies
- Malerpalette
- Altes T-Shirt

TIPP

Über den Schaumstoff des Schablonierpinsels nimmt der Gips Feuchtigkeit auf. Bevor du Pünktchen dottest, muss ausreichend Trocknungszeit eingehalten werden.

me time

16

1

2

3

a

b

4

1. Um die Motive Sterne, Herz, Tannenbaum und Mandala-Weihnachtskugel auf die Kraftpapier-Karten aufzumalen, werden Schablonen benötigt. Diese zeichnest du auf normalem Papier vor, schneidest sie aus und überträgst sie mit einem Kreide- oder Bleistift auf die Karten. Den Kreis für die Weihnachtskugel zeichnest du mit dem Zirkel.

2. Das Mandala-Muster beginnt mit einem ersten großen goldenen Punkt. Es folgen vier Pünktchenreihen, mit jeweils immer größeren Punkten, abwechselnd mit Weiß, Gold, Silber und Weiß.

3. Für das Kernmuster wird ein großes Dotting-Tool gewählt und ein Punkt in Weiß auf 12 Uhr, auf 6 Uhr, auf 3 Uhr und auf 9 Uhr gedottet. Diese Punkte werden mit so vielen Walking-Dots-Pünktchen-Reihen verziert, wie Platz in dem vorgemalten Kreis ist. Zwischen den weißen Punkten werden Swooshes gemalt. Dafür tauchst du mit einem großen Dotting-Tool in die goldene Farbe und machst einen Punkt mit viel Farbe am Werkzeug. Nun ziehst du mit deinem kleinsten Dotting-Tool (0,8 mm) oder einer Stopfnadel, die Farbe aus dem Punkt heraus, bis die Spitze des Swooshes immer kleiner werdend an ein Pünktchen aus der letzten Reihe heranreicht. Bevor die silberfarbenen Swooshes gemalt werden, alles trocknen lassen.

4. Das Band der Weihnachtskugel ist mit einem Posca-Marker aufgemalt. Die Schleifen bestehen ebenfalls aus vier Swooshes aus Acrylfarbe.

Winter-Weihnachtsgrüße

IN PÜNKTCHEN

In der Adventszeit besitzen wir die Muße zu basteln und zu werkeln, und sind auf der Suche, Lieblingsmenschen mit unseren Basteleien eine Freude zu machen. Mit diesen weihnachtlichen Motiven übersendest du ganz außergewöhnliche Adventsgrüße zum Fest.

DAS BRAUCHST DU

- Kraftpapier Blanko-Karten mit Briefumschlägen, 10 x 15 cm
- Geodreieck
- Schere
- Papier
- Zirkel
- Kreidestift oder Bleistift
- Acrylfarben Weiß, Gold, Silber
- Dotting-Tools
- Posca-Marker, Weiß, PC-1MR

TIPP

Auf Karton können Fehler kaum mit feuchten Wattestäbchen entfernt werden, ohne den Karton zu beschädigen. Male also vorsichtig, und vermeide Farbspritzer.

angels
are
singing

17

1

2

3

a

b

4

1. Ein Geodreieck verrät den Mittelpunkt des Bambusdeckels, der mit einem großen Dotting-Tool in einem zarten Rosa gedottet wird. Für das ausgehende Muster ist eine erste Pünktchenreihe mit einer geraden Anzahl von Pünktchen erforderlich.

2. Dieses Mandala-Muster wirkt besonders zart, da die kleinen Pünktchen überwiegend mit dem kleinsten Dotting-Tool gedottet sind und die Swirls besonders dünn gemalt sind. Der Wechsel zwischen Weiß und Rosa lässt dieses Muster besonders aufwendig und lebendig erscheinen.

3. Nachdem die weißen großen Punkte von zwei Reihen Walking Dots umrandet sind, werden die Swirls mit dem kleinsten Dotting-Tool gemalt. Tauche das Werkzeug in die Farbe, setze es auf das Holz auf und ziehe eine Linie um den verzierten weißen Punkt. Die Verjüngung der Farblinie erfolgt automatisch, bis keine Farbe mehr am Dotting-Tool verbleibt. Die großen rosafarbenen Punkte werden sogar mit zwei Swirls in Weiß und Rosa umrandet.

4. Besonders schön wirken Punkte, wenn sie erhaben gemalt sind. Dafür punktet man die Punkte mehrfach. Das kann im nassen Zustand erfolgen, indem man das Dotting-Tool erneut in die Farbe taucht und neue Farbe auf einen Punkt auffüllt oder nach einer Trocknungsphase. Für das Arbeiten auf Nass ist allerdings etwas Übung Voraussetzung. Der Bambusdeckel wird nach der Trocknung mit einem Pinsel oder Schwämmchen versiegelt.

ZARTE
Aufbewahrung

Auf Bambusholz zu dotten macht riesig viel Freude, da der Untergrund so angenehm glatt ist. Das Malen auf dem warmen Material Holz lässt uns die Verbundenheit zur Natur spüren, der wir viele unserer Inspirationen zu verdanken haben.

DAS BRAUCHST DU

- Porzellandose mit Bambus-Holzdeckel, 10 cm Durchmesser, Höhe circa 9 cm
- Geodreieck
- Dotting-Tools
- Acrylfarbe Weiß, Rosa
- Klarlack, z. B. Aqua, Seidenmattlack von Marabu für den Holzdeckel
- Pinsel oder Schwämmchen für die Lasur

TIPP

Pünktchen aus Acrylfarben können mit einem feuchten Tuch gereinigt werden. Für eine nass waschbare Version nimmt man Porzellanmalfarben.

Merry
AND
Bright

18

1

a

b

2

3

4

1. Auch dieses Mandala-Muster soll dazu ermutigen, ganz ohne Hilfslinien zu dotten. Die Einhaltung der genauen Symmetrie ist möglich, wenn jeder Moment des Pünktchensetzens achtsam erfolgt. Ohne Zeitdruck und ohne Alltagsgedanken wird der Flow Punkt für Punkt das Mandala malen.

2. Dieses Muster ist sehr fein gearbeitet. Selbst kleinste Pünktchen sind mehrfarbig gepunktet, sodass diese Dots eine besondere Leuchtkraft erreichen. Die letzten großen Punkte in Violett haben ihre zusätzlichen Dots nicht zentriert, sondern versetzt nach oben erhalten.

3. Um ganz kleine Walking-Dot-Pünktchen zu dotten, ist ein Dotting-Tool von 0,8 mm erforderlich. Als Alternative kann z. B. ein Zahnstocher verwendet werden. Aber nicht nur das Dotting-Tool ist Voraussetzung für kleinste gemalte Pünktchen, sondern auch die Konsistenz der Farbe und die Gleichmäßigkeit der Punktgröße. Je flüssiger die Farbe ist, umso weniger Farbe nimmt das Werkzeug beim Eintauchen in die Farbe auf. Während man sonst satt Farbe aufnehmen möchte, um leicht erhabene Punkte zu malen, ist bei den kleinsten Punkten weniger ein Mehr.

4. Ein Herz liegt aufgrund der unregelmäßigen Form nicht bequem in der Hand, deshalb ist es ratsam, bevor man die sogenannten Swooshes malt, alle Pünktchen gut trocknen zu lassen.

Erfrischend und lebendig

Violett, geheimnisvoll und mystisch, und stets die Erinnerung an duftenden Lavendel. Einen Farbtupfen Grün dazu und wir empfinden die Farbkombination besonders erfrischend und lebendig. Mit seinen kompakt gesetzten Pünktchen wirkt dieses pummelige Herz fröhlich und zart verspielt.

DAS BRAUCHST DU

- Herz-Rohling aus Gips oder Beton, circa 7cm
- Acrylfarben Violett, Lavendel, Grün, Hellgrün und Weiß
- Dotting-Tools
- Klarlack, z. B. Aqua, Seidenmattlack von Marabu

TIPP

Um gleichmäßig große Punkte zu malen, sollte man das Punktierungswerkzeug immer wieder an der gleichen Stelle in die Farbe eintauchen..

All is
calm

19

1

2

3

a

b

4

1. Auf einem Naturstein zu malen ist immer ein kleines Abenteuer, denn ein Naturstein ist selten ohne Kanten, Löcher und Krater. Ciao Perfektionismus, denn manche Punkte werden in den Unregelmäßigkeiten des Steins versinken. Die Akzeptanz darüber tut gut, macht uns frei und dennoch unendlich glücklich. – Dieses Mandalamuster beginnt mit einem großen Punkt aus roter Farbe, der von kleinen Pünktchenkreisen aus Weiß und Orange umringt ist. Es folgen vier rote Punkte auf 12 Uhr, 6 Uhr, 3 Uhr und 9 Uhr. Kleine Unregelmäßigkeiten sind bei dieser micro-kleinen Maltechnik aber immer erlaubt.

2. Diese vier Punkte werden von vier Reihen Walking Dots verziert. Dabei kommt bei jeder neuen Reihe ein etwas größeres Dotting-Tool zum Einsatz. Mittig zwischen diese Designelemente wird ein orangefarbener Swoosh gemalt, der vor Kopf einen roten Punkt erhält, der komplett mit weißen Pünktchen umrandet wird.

3. Anstelle von Walking Dots wird dieser Punkt von Swirls verzaubert. Dafür wird das Dotting-Tool satt in Farbe getaucht, das Tool auf den Stein gesetzt und um den Punkt herumgezogen. Der noch verfügbare Platz nimmt dankbar weitere Pünktchen auf.

4. Manchmal besitzen wir nicht jede Farbabstufung in Acrylfarbe. Doch leichte Farbabstufungen werden mit ein paar zusätzlichen Farbtröpfchen von Weiß ganz leicht herbeigemischt.

NATÜRLICH

himmlisch

Die Natur ist längst wieder mehr in unser Bewusstsein getreten, und wir wertschätzen sie viel mehr als in den vergangenen Jahren. Einen Naturstein aufzuheben, ihn nach Hause zu tragen, ihn zu reinigen und bunt zu bemalen schenkt uns ein himmlisches Glücksgefühl.

DAS BRAUCHST DU

- Acrylfarben Rot, Orange, Hellorange, Gelb, Zitronengelb, Weiß
- Naturstein, circa 5cm
- Dotting-Tools
- Klarlack, z. B. Aqua, Seidenmattlack von Marabu

TIPP

Natürlich eignen sich die Steine ganz besonders zur Außendekoration. Wenn die Acrylfarbe mit Schutzlack versehen wird, bleicht sie nicht aus.

Oh Tannenbaum

20

1

2

3

a

b

4

1. Auf schwarzmatten Christbaumkugeln leuchtet Acrylfarbe von jedem Tannenzweig. Die Bemalung ist spannend, denn eine Kugel springt dir schnell aus der Hand. Bis zu einem gewissen Punkt der Bemalung ist die Christbaumkugel in einem Eierbecher gut platziert. Zur Sicherheit sollte man die Kugel dennoch mit Klebepads versehen, damit sie auch beim Herunterfallen nicht komplett durch die frische Farbe kullert.

2. Die ersten Pünktchenreihen müssen nicht von gerader Zahl sein, da vier große Punkte aus Metallicrot nach dem Uhrzeigerprinzip gepunktet werden. Vorsicht bei der Verwendung von Metallicfarben. Sie sind oft sehr zähflüssig und hinterlassen beim Wegnehmen des Werkzeuges gern Ziehfäden aus Farbe. Verwendest du eine Metallicfarbe, die eher durchscheinend ist, sollte der erste Punkt in der Grundfarbe gedottet werden. Um die großen Punkte im wunderhübsch erhabenen 3D-Look zu gestalten, sollte die Metallicfarbe mindestens zweimalig gepunktet werden.

3. Die kleinen Pünktchen aus Gold sollten erst nach der Bemalung von Swirls und Swooshes gepunktet werden. So steht etwas mehr Leerraum für die Designelemente zur Verfügung.

4. Bei Weihnachtskugeln würde ich auf eine Lasur verzichten, wenn das Design nicht die komplette Christbaumkugel ausfüllt. Eine Lasur auf Schwarzmatt wird immer zu sehen sein.

HANDBEMALTE

Christbaumkugeln

O Tannenbaum, o Tannenbaum,
wie schön ist dein selbstgemalter Baumschmuck!

DAS BRAUCHST DU

- Christbaumkugeln, Schwarz matt, circa 5 cm
- Acrylfarbe Metallicrot, Rot, Hellrot, Apricot und Weiß
- Dotting-Tools
- Organza-Band weiß

TIPP

Bitte berücksichtige, dass Metallicfarben längere Trocknungszeit benötigen. Punkte erst nachdem die Farbe vollständig getrocknet ist doppeln.

this is
the season
to be
jolly

21

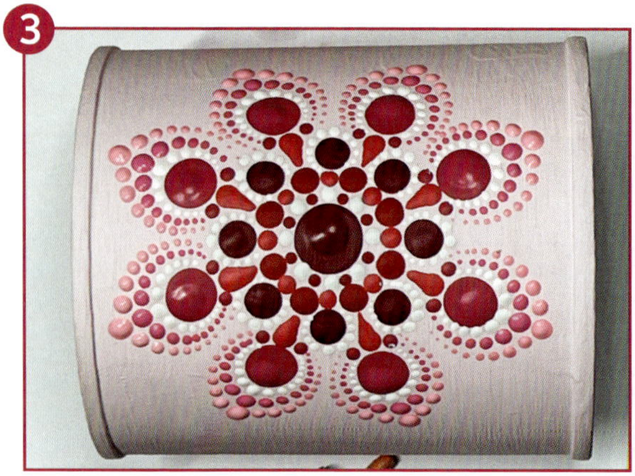

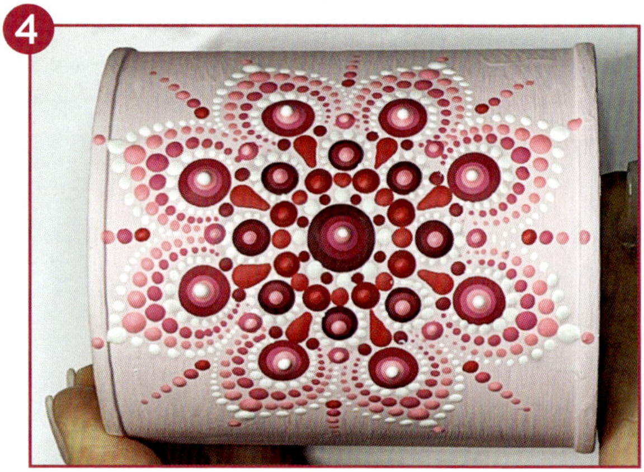

1.–4. Nach der Reinigung werden die Blechdosen mit einem Pinsel und Kreidefarbe bemalt. In diesem Projekt sind die Chalky Chic Kreidefarben von Marabu verwendet. Die Grundierung der Dosen muss mindestens zweimalig erfolgen, da die Farbe nicht bei der ersten Anwendung deckt. Ein Mandala-Muster lässt sich auf nicht geriffelten Dosen mit dem Dotting-Tool aufmalen. Für die anderen Motive wie Stern, Tannenbaum und Herz müssen zunächst Schablonen gestaltet werden. Zeichne die Motive auf einem Blatt Papier auf und schneide das Motiv aus. Klebe die hergestellte Schablone mit Hilfe von Klebepads auf die Blechdose auf und umrande das Motiv mit einem weißen Kreidestift. Eine Kreidestiftlinie lässt sich nach der Trocknungszeit der Bemalung mit einem feuchten Wattestäbchen ganz leicht wieder entfernen. Nun wird das Motiv der Linie entlang gepunktet und gegebenenfalls mit Pünktchen ausgefüllt. Die Oberen und unteren Dosenränder erhalten so viele bunte Pünktchen-Linien, wie es dir gefällt.

Blechdosen-Deko,

GESCHENKVERPACKUNG ODER ADVENTSKALENDER

Besonders in der Adventszeit verpackt man Kleinigkeiten für Lieblings-Menschen oder Kollegen, als weihnachtliche Aufmerksamkeit. Versehen mit Zahlen können bemalte Blechdosen als Adventskalender dienen. Eine günstige Zauberei, aber ein besonderer Ausdruck von Kreativität für liebe Menschen.

TIPP

Auf den geriffelten Dosen werden Pünktchen nicht hundertprozentig rund sondern oval. Es sei denn du verwendest das kleinete Tool und zielst sie perfekt.

DAS BRAUCHST DU

- Blechdosen in verschiedenen Größen
- Kreidefarben, Chalky-Chic von Marabu
- Großer Pinsel
- Papier
- Schere
- Klebepads
- Bleistift
- Kreidestift
- Acrylfarbe, Grüntöne, Violett, Rosatöne, Weiß und Grau
- Dotting-Tools
- Klarlack, z.B. Aqua, Seidenmattlack von Marabu

all I want for Christmas is you

22

1.–4. Vor der Bemalung von Beton sollten Stern und Geschenkanhänger-Motive mit Klarlack lasiert werden. Beton krümelt immer etwas und auf unlasiertem Beton zieht Acrylfarbe zu sehr ein. Mit einer Lasur werden diese Effekte vermindert und Punkte werden eher schön rund, wenn reichhaltig Acrylfarbe mit dem Dotting-Tool aufgenommen wird. Dieses Mandala-Muster wird von der Symmetrie bestimmt und die Aufzeichnung von Hilfslinien ist nicht erforderlich. Solltest du dennoch gern mit Kreidestift-Linien arbeiten, so male auf dem Beton besonders zarte Linien, denn schnell ist eine Riefe in den Beton gemalt, die sich nicht mehr entfernen lässt. Der erste Punkt erhält eine Umrandung weißer Pünktchen nach dem Uhrzeiger-Prinzip, so dass eine gerade Anzahl von Pünktchen die Ausgangsposition des sternförmigen Musters bilden, dass aus Walking-Dots und Swirls besteht. Die Leuchtkraft der Farben erhält man, indem man die großen Punkte des Mandala-Musters mehrfach mit heller werdenden Farbabstufungen und je einem kleineren Punktierungs-Werkzeugs punktet.

Beton-Stern

UND GESCHENKANHÄNGER

Es ist sehr faszinierend und kontrastreich wie ein zartes Mandala auf Beton wirkt. Kalte Rauheit trifft bunte Zartheit.

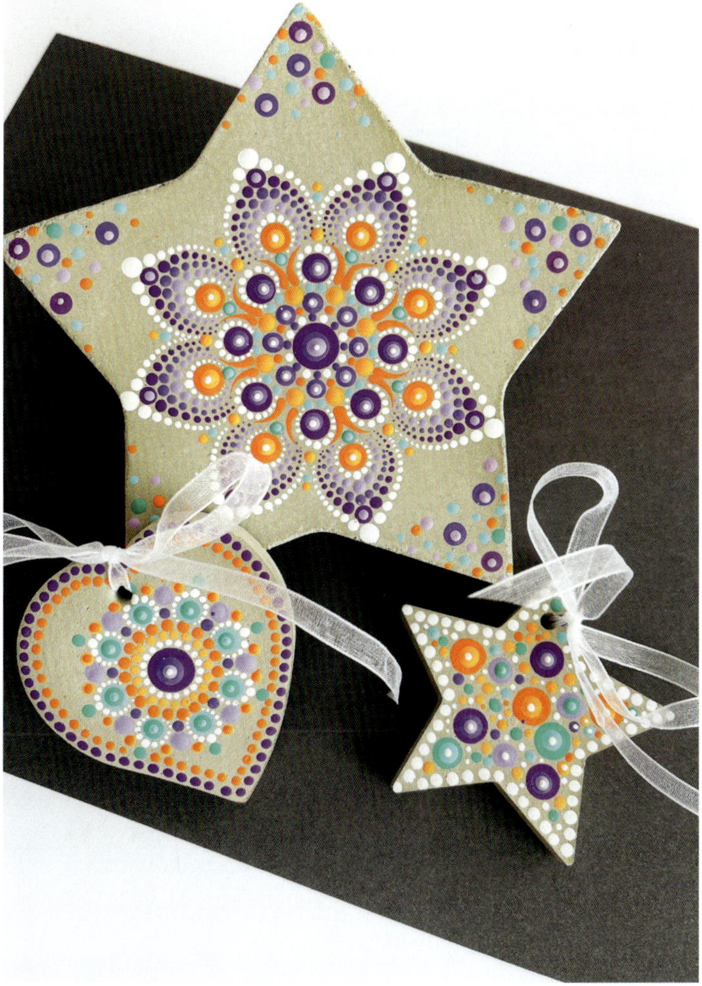

DAS BRAUCHST DU

- Stern-Beton-Gießform, circa 10 cm
- Beton-Gießformen Herz und Stern
- Beton
- Dotting-Tools
- Acrylfarbe, Türkis, Helltürkis, Weiß, Orange, hell Orange, Violett, Lila und Flieder
- Pinsel oder Schwämmchen für die Lasur
- Klarlack, z. B. Aqua, Seidenmattlack von Marabu
- Organza-Band weiß in 3 mm
- Filzgleiter

TIPP

Die Leuchtkraft der Farben entsteht, indem man große Punkte mehrfach mit heller werdenden Farbabstufungen und je einem kleineren Dotting-Tool punktet.

Holy
night

23

1

2

3

a b

4

1. Dieses Mandala-Muster ist irre bunt, doch erst nach und nach sind die extrem bunten Neonfarben in das Muster hineingearbeitet worden. Lass dich stets treiben von deinen Pünktchen und sei stets mutig bei der Farbwahl. Es gibt in dieser Kunst einfach kein Richtig oder Falsch, und erst diese Erkenntnis lässt dich entspannt die Pünktchen setzen.

2. Für das Mandala-Muster ist die gerade Anzahl von Pünktchen in der ersten Reihe erforderlich, damit die Symmetrie des Musters funktioniert. Gestartet wird mit dem kleinsten Dotting-Tool und ersten Reihen aus Weiß, Rosa und Türkis.

3. Die erneuten, größeren rosafarbenen Pünktchen werden in jeden zweiten Zwischenraum gepunktet. Die enstandenen Leerräume werden mit größeren blauen Punkten und Walking Dots verziert. Die nun folgenden hellgrünen Pünktchen dienen der Orientierung, um die großen pinken Punkte mittig davor zu setzen. Das Besondere an den pinken Punkten ist, dass die weiteren Punkte, die auf diesen Punkt gedottet werden, nicht mittig, sondern obenauf gepunktet werden. Neonfarbene Swooshes in Orange verzaubern das Design zu einem poppigen Mandala. Die vor Kopf gepunkteten türkisen Punkte erhalten Walking Dots in Weiß und werden umrahmt von blauen Walking Dots.

4. Auf eine Lasur sollte verzichtet werden, denn auf Glas würde man sie nicht gleichmäßig schön aussehen lassen können.

Poppig bunte Pünktchen

IN NEONFARBEN

Die Kunst der Punktmalerei ist auch eine Form der Meditation. Das Dot Painting ist Me-time, Zeit nur für dich. Und wenn die bunten Pünktchen auf eine Duftkerze aus satiniertem Glas gemalt werden, dann umströmt dich dazu der Duft des Yin Yang und lässt dich dein Mandala-Muster ganz leicht erträumen.

DAS BRAUCHST DU

- Duftkerze aus satiniertem Glas, Durchmesser circa 7cm, Höhe circa 11cm
- Dotting-Tools
- Acrylfarbe Weiß, Pink, Rosa, Neon-Pink, Blau, Hellblau, Türkis, Zitronengrün, Neonorange, Zitronengelb

TIPP

Die hier verwendeten Acrylfarben von Deco Art Americana schmelzen nicht, wenn sich das Kerzenglas erhitzt. Farben anderer Hersteller könnten sich anders verhalten.

X-MAS
FROHE WEIHNACHT
X-MAS
Frohe Weihnacht
Merry Christmas
GOD JUL
X-MAS

24

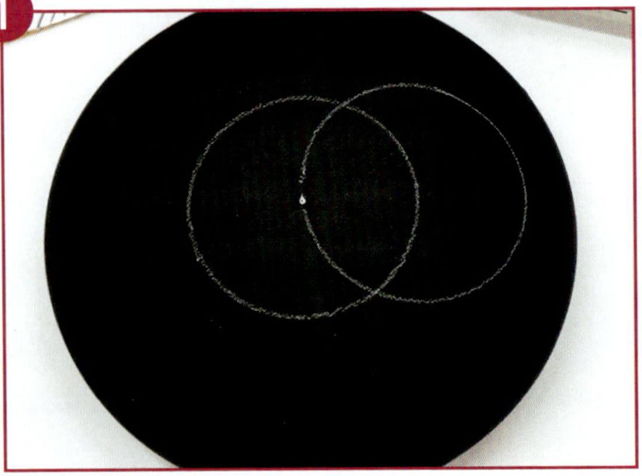

1. Bestimme den Mittelpunkt des Steins und zeichne einen ersten Kreis im Durchmesser von 1,5 cm mit dem Zirkel und einem Kreidestift auf den Stein. Passe sehr darauf auf, dass sich der Zirkel nicht in seiner Größe verstellt. Nun stichst du irgendwo auf die Linie des Kreises und zeichnest erneut einen Kreis mit dem Zirkel in der gleichen Größe von 1,5 cm.

2. Nun treffen sich die beiden Kreise an zwei Stellen und genau diese Schnittpunkte nutzt du für das Zeichnen von weiteren Kreisen. Alle Schnittstellen, die sich nun auf dem allerersten Kreis ergeben, erhalten einen Kreis mit dem Zirkel. Nach diesem Prinzip erhältst du sechs Kreise, und in der Mitte des Steins erkennst du Blütenblätter. Wenn du einen größeren Untergrund bemalst, wie z. B. eine Leinwand mit ausreichend Platz, kannst du das Muster beliebig weiter fortführen.

3. Alle Einstichstellen des Zirkels werden mit weißen, etwas größeren Punkten gedottet. Alle Linien der Blume des Lebens werden mit dem kleinsten Dotting-Tool gepunktet.

4. Die entstandenen leeren Flächen werden mit bunter Farbe und zahlreichen Pünktchen gefüllt. Die kleinen sternförmigen Blütenblätter erhalten Pünktchen aus Gelbtönen. Die weiteren leeren Flächen werden mit einem Farbverlauf aus organgen, magentafarbenen und weinroten Pünktchen gefüllt. Für mehr Kontrast werden in alle Flächen die Farben der vorherigen Fläche mit eingearbeitet.

Die Blume
DES LEBENS

Die Blume des Lebens verkörpert in ihrem Ornament den Kreislauf des Lebens. Dieses wunderschöne Symbol schenkt positive Energie und Harmonie.

DAS BRAUCHST DU

- Gips-Stein-Rohling, circa 8 cm
- Schwarze Farbe für die Grundierung
- Acrylfarben Weinrot, Rot, Magenta, Orange, Hellorange, Gelb, Hellgelb, Weiß und Gold
- Dotting-Tools
- Zirkel
- Kreidestift
- Geodreieck oder Maßband

TIPP

Stich den Zirkel äußerst vorsichtig in den Stein, denn Gips ist kein harter Untergrund und könnte bröckeln. Unschöne Krater würden entstehen, die man kaum mehr beseitigen kann.

Über die Autorin

Anja Gries, bekannt unter dem Künstlernamen Feinrosa, lebt mit ihrer Familie und Hündin in Dortmund. Ihre Liebe gehört der Punktmalerei – Dot Painting – und dem Handlettering. Punkt für Punkt zaubert sie aus Acrylfarben fröhlich bunte Mandalas auf Stein, Holz, Beton, Glas und Porzellan, und sie motiviert/versüßt mit ihren positiven Letterings den Alltag von vielen.

Seit vielen Jahren erfreut sich eine große und internationale Community an ihrer Kunst (und ihren Videos), die sie mit viel Liebe und Herz beim Dot Painting unterstützt.

Instagram: @feinrosa
Webseite: www.feinrosa.com
Etsy Shop: FeinrosaDesign
Atelier Lichtwerk Dortmund, Inken Vollmer

„Es ist mir eine riesige Freude, mit meiner Kunst Lächeln zu verschenken."

IMPRESSUM

Bibliografische Information der Deutschen Bibliothek.

Die Deutsche Bibliothek verzeichnet diese Publikation in der Deutschen Nationalbibliografie.

Detaillierte bibliografische Daten sind im Internet über http://www.dnb.de/ abrufbar.

EIN BUCH DER EDITION MICHAEL FISCHER

1. Auflage 2021

Covergestaltung: Pia von Miller, Katharina Bittel

Redaktion und Lektorat: Franziska Klorer

Layout und Satz: Pia von Miller

Bildnachweis:
Schmuckelemente: © One Pixel Studio/shutterstock, © Nadia Grapes/shutterstock, © smartman/shutterstock, © Mallinka1/shutterstock, © tinta warna/shutterstock, © Mascha Tace/shutterstock, © LenLis/shutterstock, © sailormoon/shutterstock, © Pixasquare/shutterstock, © Ivana Milic/shutterstock, © Adiemus/shutterstock, © Romanova Ekaterina/shutterstock, © Romanova Ekaterina/shutterstock, © StonePictures/shutterstock
Hintergründe: © janniwet/shutterstock, © Zaie/shutterstock

ISBN 978-3-7459-0677-6

Gedruckt bei Polygraf Print, Čapajevova 44, 08001 Prešov, Slowakei

www.emf-verlag.de